Charlotte Rimbach • Sabrina Schmidt
Julia Steinfort-Diedenhofen • Karla Verlinden

Sexualisierte Gewalt in Einrichtungen der stationären Altenhilfe

Charlotte Rimbach
Sabrina Schmidt
Julia Steinfort-Diedenhofen
Karla Verlinden

Sexualisierte Gewalt in Einrichtungen der stationären Altenhilfe

Herausforderungen für die Soziale Arbeit

Verlag Barbara Budrich
Opladen • Berlin • Toronto 2023

Bibliografische Information der Deutschen Nationalbibliothek
Die Deutsche Nationalbibliothek verzeichnet diese Publikation in der Deutschen Nationalbibliografie; detaillierte bibliografische Daten sind im Internet über https://portal.dnb.de abrufbar.

Gedruckt auf säurefreiem und alterungsbeständigem Papier

Stauffenbergstr. 7 | D-51379 Leverkusen | info@budrich.de | www.budrich.de

ISBN 978-3-8474-2652-3 (Paperback)
eISBN 978-3-8474-1826-9 (PDF)
DOI 10.3224/84742652

Umschlaggestaltung: Bettina Lehfeldt, Kleinmachnow – www.lehfeldtgraphic.de
Titelbildnachweis: Foto: Bettina Lehfeldt
Lektorat: Dr. Andrea Lassalle, Berlin – andrealassalle.de
Satz: 3w+p GmbH, Rimpar
Druck: Libri Plureos, Hamburg

Inhalt

Vorwort

Mit dem vorliegenden Band wird ein höchst relevantes Thema ausführlich diskutiert und im Kontext der aktuell relevanten Fachliteratur für die Bearbeitung weiterer Forschung aufbereitet. Gerade weil sexualisierte Gewalt häufiger aktiv verschwiegen, kleingeredet oder durch Wegsehen begleitet wird, ist dieses Buch wichtig und hat das Potenzial, allein durch seine Existenz Menschen zu unterstützen, die sich gegen das Verschweigen wehren. Insbesondere wenn sexualisierte Gewalt dort stattfindet, wo Menschen zuhause sind, brauchen Sozialarbeiter*innen niederschwellige Wege, um gegen diese Gewalt tätig zu werden. Wenn das Zuhause zudem noch eine Einrichtung der stationären Altenhilfe ist, sind theoretisches Wissen über sexualisierte Gewalt und die Kompetenz von feinfühliger Sozialer Arbeit, die dem Diskurs des Verschweigens kritisch begegnet, unabdingbar.

Besonders hilfreich ist der Blick des vorliegenden Buchs darauf, dass Menschen, die in stationären Einrichtungen wohnen, in der Regel über erprobte Bewältigungsstrategien verfügen. Zudem haben sie im Laufe ihres Lebens unterschiedliche gesellschaftliche Denk- und Deutungsmuster in Bezug auf Gewalterfahrungen erlebt. Grund hierfür können beispielsweise sich verändernde juristischen Rahmenbedingungen, Migration, soziale Mobilität oder auch gesellschaftliche Emanzipationsbewegungen wie beispielsweise der Feminismus sein. Die vier Autorinnen des Buches greifen auch die Bedeutung von Generationen bei ihrer Auseinandersetzung mit dem Thema sexualisierter Gewalt konstruktiv auf.

Mit seinem doppelten Blick sowohl auf die konkreten Situationen gelebter Interaktionen in stationären Kontexten als auch auf die gesellschaftsanalytische Betrachtung von sozialen Bedingungen wie Geschlechterverhältnisse, Dominanzkulturen, Machtstrukturen oder sozial erwünschtes Verschweigen überzeugt das Autorinnen-Team durch die Aufarbeitung des aktuell in deutscher und englischer Sprache zugänglichen Forschungsstandes. Transdisziplinäre Kooperation ermöglicht, dass sowohl geisteswissenschaftlich-analytische Forschungsberichte als auch empirische Forschungsergebnisse in die Literaturschau einbezogen werden.

Kurz, dieses Buch ist hilfreiche Pflichtlektüre für alle, die im Bereich sexualisierte Gewalt gegen Menschen in allen Altersgruppen forschen.

Mechthild Kiegelmann

Professorin für Sozialpsychologie und Sozialpädagogik an der PH Karlsruhe, langjährige Leiterin des MA-Studiengangs Geragogik an dieser Hochschule. Mitherausgeberin des Buches LSBTIQ* und Alter(n). Promotion an der Harvard Universität bei Carol Gilligan über Schweigenbrechen nach Erfahrungen von sexueller Gewalt aus entwicklungspsychologischer Sicht.

Abkürzungsverzeichnis

APS	Adult Protective Service
BAGSO	Bundesarbeitsgemeinschaft der Seniorenorganisationen e.V.
bff	Bundesverband Frauenberatungsstellen und Frauennotrufe
BMFSFJ	Bundesministerium für Familie, Senioren, Frauen und Jugend
BMG	Bundesministerium für Gesundheit
BZgA	Bundeszentrale für gesundheitliche Aufklärung
CIUSSS	Centre intégré universitaire de santé et de services sociaux
DeGPT	Deutschsprachige Gesellschaft für Psychotraumatologie
EIGE	Europäisches Institut für Gleichstellungsfragen
HeimG	Heimgesetz
KFN	Kriminologisches Forschungsinstitut Niedersachsen
NCEA	National Centre on Elder Abuse
NRW	Nordrhein-Westfalen
PTBS	Posttraumatische Belastungsstörung
SAVAI	The Study of Sexual Abuse of vulnerable Adults in Institutions
SGB	Sozialgesetzbuch
StGB	Strafgesetzbuch
SV	Sexual Violence
RStGB	Reichsstrafgesetzbuch
UBSKM	Unabhängige Beauftragte für Fragen des sexuellen Kindesmissbrauchs
UNECE	The United Nations Economic Commission for Europe
WHO	World Health Organization
WTG	Wohn- und Teilhabegesetz

Abbildungs- und Tabellenverzeichnis

1 Einleitung

> Mißhandlung alter Menschen und Gewalt im Heim gehen uns alle an. Dies sind Symptome einer gesellschaftlichen Krankheit, die ‚Krankheit der Inhumanität'. Ihr gilt es in aller Entschiedenheit entgegenzutreten, denn sonst werden auch wir, wenn wir alt geworden sind, zu ihren Opfern.
> (Petzold 1992: 285)

Dieser ‚Krankheit der Inhumanität' gilt es auch 30 Jahre, nachdem dieses Zitat geschrieben wurde, weiterhin professionell, gesellschaftlich und auch politisch entschieden entgegenzutreten. Dies trifft in besonderem Maße auf das Phänomen der sexualisierten Gewalt zu, welches bislang vielfach ignoriert wird. Hier lässt sich von einer Tabuisierung sprechen, die von altersdiskriminierenden Annahmen aufrechterhalten wird und verhindert, dass ältere Menschen als Betroffene sexualisierter Gewalt berücksichtigt und in den Blick genommen werden. Demgegenüber erfährt das Thema sexualisierte Gewalt in anderen Handlungsfeldern der Sozialen Arbeit – insbesondere der Kinder- und Jugendhilfe – seit knapp zwei Jahrzehnten zu Recht große Aufmerksamkeit, zuweilen könnte von einer ‚Hypersensibilität' gesprochen werden. Einer ähnlich breiten Debatte und Sensibilität bedarf es jedoch auch in der Arbeit mit Erwachsenen mit Hilfe- und Unterstützungsbedarf. Dies ist die Voraussetzung, um Möglichkeiten zu schaffen, erfahrenes Leid aufzuarbeiten und vulnerablere Menschen zu schützen. Hierbei kommt der Sozialen Arbeit grundsätzlich eine besondere Verantwortung zu, da durch professionell organisierte Hilfe Abhängigkeitsverhältnisse geschaffen werden, die sexualisierte Gewalt begünstigen können: Akteur*innen in sozialen Organisationen befinden sich in einer per se asymmetrischen Arbeitsbeziehung zu ihren Adressat*innen, die ein stark ungleich verteiltes Machtverhältnis herstellt.

Die aktuell maßgebliche Studie zur Prävalenz von sexualisierter Gewalt besagt, dass mehr als jede dritte Frau und knapp jeder achte Mann in Deutschland im Laufe des Lebens von sexualisierter Gewalt betroffen ist (vgl. Brunner et al. 2021: 1340). Für Menschen über 70 Jahre – die in solchen allgemeinen Erhebungen unverhältnismäßig wenig berücksichtigt werden – markiert eine belgische Studie, dass 55,2 % der weiblichen und 29 % der männlichen Befragten mindestens einmal in ihrem Leben sexualisierte Gewalt erlebt haben (vgl. Nobels et al. 2021: 4). Vor dem Hintergrund der höheren Betroffenheit von Frauen und aufgrund des besonderen geschlechtsspezifischen Bedingungsgefüges von sexualisierter Gewalt liegt der Fokus der vorliegenden Untersuchung auf den älteren Frauen*, die in Einrichtungen der stationären Altenhilfe leben. Dabei gehen wir davon aus, dass Bewohnerinnen von Einrichtungen der stationären Altenhilfe auch aktuell häufiger von sexualisierter Gewalt betroffen sind, als die unzureichende Erforschung des Phänomens bisher ermitteln konnte. Zur Prävalenz liegen bislang nur Schätzungen vor, die auf wenigen und ungenauen Daten aus der allgemeinen Gewaltforschung gegen ältere Menschen (Elder Abuse Research) beruhen und daher als unzuverlässig einzustufen sind. Yon et al. (2018: 58) schätzen auf Basis einer Meta-Studie, dass jährlich durchschnittlich 1,9 % der Bewohner*innen stationärer Altenhilfeeinrichtungen von sexualisierter Gewalt betroffen sind. ‚Elder Sexual Abuse' gilt als die am wenigsten (an-)erkannte, angezeigte, verfolgte und erforschte Form von Gewalt gegen ältere Menschen. Doch bereits diese ‚geringe' Prävalenz – übertragen auf die ca. 820.000 Bewohner*innen vollstationärer Pflegeheime in Deutschland entspräche dies pro Jahr über 15.500 Betroffenen bundesweit – verweist auf eine Handlungsdringlichkeit, der bisher nicht nachgekommen wird.

Die vorliegende Veröffentlichung beleuchtet somit ein bislang – insbesondere im deutschen Sprachraum – marginal in den Blick genommenes Thema, das nicht nur Anerkennung, sondern in der Folge auch sozialarbeiterische und sozialgeragogische Reaktion erfordert. In Kapitel 2 wird der Diskurs zu sexualisierter Gewalt im Zusammenhang mit verschiedenen Deutungen und Bedingungsgefügen sondiert sowie mit Blick auf das Handlungsfeld der stationären Altenhilfe, die dortigen Adressat*innen und die Einbettung in gesellschaftliche Institutionen kontextualisiert. Daran anschließend widmet sich Kapitel 3 unter Anwendung eines Scoping Reviews der Bestandsaufnahme und Übersicht der (sozial-)wissenschaftlichen Forschungserkenntnisse, die zum Thema sexualisierte Gewalt gegen Bewohnerinnen der stationären Altenhilfe durch die bisher existierende deutsch- und englischsprachige Fachliteratur vorliegen. An die diskursive Erörterung und die empirische Betrachtung anknüpfend, thematisiert Kapitel 4 Herausforderungen und Handlungsmöglichkeiten der Sozialen Arbeit. Die Politisierung sexualisierter Gewalt in Einrichtungen der stationären Altenhilfe wird insoweit als Herausforderung der Sozialen Arbeit verstanden, als dass die Thematisierung eines sozialen Problems, das bisher auf politischen Agenden vernachlässigt wurde, dort Aufmerksamkeit erfahren muss, damit die Anerkennung dieses Problemfeldes über eine tatenlose Betroffenheitsrhetorik hinausgeht. Sich als Akteur*in der Sozialen Arbeit hierfür stark zu machen ist besonders dann angezeigt, wenn die Betroffenen dies selbst nicht (mehr) ausreichend können. Schutzkonzepte bieten die Möglichkeit – und sind unserer Ansicht nach eine Notwendigkeit –, dem Problem in der Praxis effektiv zu begegnen. Das Fazit benennt, neben der Zusammenfassung der gewonnenen Erkenntnisse und entfalteten Argumentationen, handlungspraktische Implikationen zum Umgang mit und zur Verhinderung von sexualisierter Gewalt in stationären Altenhilfeeinrichtungen.

Bei diesem Buch handelt es sich um ein wissenschaftliches Projekt mit politischem Impetus, durch das wir mit unserer je eigenen (disziplinären) Perspektive dazu beitragen möchten, sexualisierte Gewalt an alten, pflegebedürftigen Frauen* sichtbar(er) zu machen.[1] Dabei richten wir uns auch an Personen, die sich im Rahmen ihrer professionellen Tätigkeit mit sexualisierter Gewalt und älteren Menschen befassen: Mit unseren Impulsen möchten wir dazu anregen, sexualisierte Gewalt gegen ältere, pflegebedürftige Frauen mitzudenken, an gebotener Stelle zu antizipieren und ernst zu nehmen – kurzum: sensibel hierfür zu sein – und das eigene Verhalten entsprechend zu reflektieren und anzupassen.

*** Hinweis zum Geschlechterverständnis**

Innerhalb dieser Arbeit wird Geschlecht vornehmlich in seiner Funktion als soziales Strukturmerkmal verwendet (siehe hierzu ausführlich Bereswill 2019). Die historisch gewachsene und verfestigte geschlechtliche Dichotomisierung zwischen weiblich und männlich und die dadurch suggerierte Bipolarität von Geschlecht entspricht nicht der geschlechtlichen Vielfalt. In wissenschaftlichen Untersuchungen wird bisher fast ausschließlich innerhalb des binären Geschlechterverständnisses agiert, so auch in den in unserer Arbeit untersuchten Texten, sodass darüber hinaus kaum Schlüsse gezogen und Aussagen getroffen werden können. Uns ist bewusst, dass dies zu einer Reproduktion der Verhältnisse beiträgt. Doch mangels einer besseren Lösung bleibt uns an dieser Stelle nur die Möglichkeit, auf das Dilemma aufmerksam zu machen.

1 Wir bedanken uns an dieser Stelle bei der Katholischen Hochschule NRW für die finanzielle Unterstützung.

2 Diskurse und Kontexte

Für die Auseinandersetzung mit sexualisierter Gewalt in der stationären Altenhilfe bedarf es vorweg einer Klärung relevanter Begrifflichkeiten und ihrer Verortung in ihren jeweiligen Diskursen und Kontexten. Hierfür ist es notwendig, sowohl die Lebenswirklichkeiten der Bewohner*innen zu analysieren als auch das Forschungs- und Handlungsfeld der stationären Altenhilfe zu beschreiben.

Zum Verständnis vom Begriff des Alter(n)s, werden die Adressatinnen der Untersuchung – Bewohnerinnen der stationären Altenhilfe – in der Lebensphase des sogenannten ‚Fünften Alters' verortet. Der Fokus auf Frauen beruht auf ihrer überwiegenden Betroffenheit von sexualisierter Gewalt: Für Frauen liegt die Lebenszeitprävalenz für nicht-konsensualen (versuchten/vollzogenen) Geschlechtsverkehr bei 14,9 % und für nicht-konsensuale sexuelle Berührung bei 40,8 % (vgl. Brunner et al. 2021: 1340).[2] Es kann angenommen werden, dass diese Zahlen auch für ältere, pflegebedürftige Frauen gelten; sie werden jedoch oftmals aus methodischen Gründen nicht in Prävalenzstudien eingeschlossen bzw. nur unterrepräsentiert berücksichtigt.

Für die Analyse sexualisierter Gewalt ist auch deshalb eine geschlechtsspezifische Betrachtung angezeigt, da es sich bei sexualisierter Gewalt um Gewalt im Geschlechterverhältnis handelt. Es manifestiert sich in (historisch-) gesellschaftlichen Kontexten des patriarchalen Systems. Die Konzentration auf Frauen ermöglicht eine intensivere Auseinandersetzung mit geschlechts- und kohortentypischen biografischen Prägungen. Zu diesem Zweck werden exemplarisch die Sozialisationskontexte sogenannter Kriegs- und Nachkriegskinder – in Deutschland im und nach dem Zweiten Weltkrieg aufgewachsene Personen – reflektiert. Insbesondere geschlechtliche Rollenbilder sowie familiäre Erziehungsmethoden, die u. a. aus nationalsozialistischen Ideologien weitergetragen wurden, prägen diese Sozialisation. Zusätzlich kann in der Lebensgeschichte erlittene (sexualisierte) Gewalt und deren (Nicht-)Klärung durch das Umfeld die Wahrnehmung und Verarbeitung bis heute beeinflussen.

In einem zweiten Unterkapitel wird in der Folge herausgearbeitet, welche Konstruktionen von ‚sexualisierter Gewalt' in der Gesellschaft wirkmächtig sind und inwieweit die Deutungshoheit vor allem bei den Betroffenen selbst liegen sollte. Gleichwohl wird für einen Verständniszugang eine Arbeitsdefinition vom Begriff der sexualisierten Gewalt bestimmt, und zwar als grenzüberschreitende Handlung, die die sexuelle Intimsphäre und Integrität einer Person verletzt oder in irgendeiner Form beeinträchtigt. Nach der Darstellung möglicher Traumafolgen sexualisierter Gewalt – insbesondere auch derjenigen, die bis ins hohe Alter hineinwirken – wird aufgezeigt, welche Wirkmacht

2 Im Vergleich die Zahlen für Männer: nicht-konsensualen Geschlechtsverkehr 3,1 % und für nicht-konsensuale sexuelle Berührung 13,2 % (vgl. Brunner et al. 2021: 1340).

(sexistische und altersdiskriminierende) Fremddefinitionen und insbesondere gesellschaftlich tradierte Narrative von sexualisierter Gewalt haben können. Zudem wird die historische Entwicklung des deutschen Sexualstrafrechts nicht nur als juristische, sondern auch als gesellschaftliche und kulturelle Bezugsgröße für die sexuelle Selbstbestimmung und das Verständnis von sexualisierter Gewalt dargestellt.

Um die Herausforderungen und Handlungsmöglichkeiten Sozialer Arbeit ableiten zu können, werden nicht nur die aktuellen gesetzlichen Rahmenbedingungen der stationären Altenhilfe beschrieben, es wird auch die Rolle der Sozialen Arbeit in diesem Gefüge geklärt. Die Relevanz und der Auftrag Sozialer Arbeit im Bereich von Gesundheit und Pflege werden vor dem Hintergrund eines ganzheitlichen Verständnisses des Begriffes der Pflegebedürftigkeit argumentiert.

Zum Abschluss des zweiten Kapitels wird die Einbettung sexualisierter Gewalt im Kontext gesellschaftlicher Institutionen betrachtet, indem die Trias zwischen Betroffenen, Täter*innen und Organisationen beleuchtet wird. Soziale Organisationen wie die stationäre Altenhilfe zeichnen sich durch Machtasymmetrien zwischen Mitarbeiter*innen und Bewohner*innen aus, die eine zweidimensionale Analyse der Verhaltens- und Gelegenheitsstrukturen anzeigen. Hierdurch wird das komplexe Bedingungsgefüge von sexualisierter Gewalt in Organisationen erschlossen und vor dem Hintergrund verschiedener soziologischer Ansätze – beispielsweise Goffmans (1973) Überlegungen zur ‚Totalen Institution' und Webers (1922) Verständnis von Autoritätsmacht – sowie ihrer theoretischen Weiterentwicklungen analysiert und im Anschluss auf die stationäre Altenhilfe übertragen.

2.1 Forschungs- und Handlungsfeld: Soziale Arbeit mit pflegebedürftigen Menschen in der stationären Altenhilfe

Bevor der Blick in Kapitel 2.1.2 auf die Zuständigkeiten und Handlungsfelder der stationären Altenhilfe gerichtet wird, sei vorangestellt, wie vielfältig die Frauen selbst sind, die als Adressatinnen im Mittelpunkt dieser Untersuchung stehen. Die Lebensphase[3] des Alters wird immer länger und heterogener und ist für viele Menschen inzwischen ausgedehnter als ihre Kindheit und Jugend zusammen. Der Vergleich macht jedoch auch deutlich, wie unterschiedlich die Anforderungen und Entwicklungen in diesem Lebensabschnitt[4] sind. Sie ver-

3 Die Autorinnen schließen sich der gerontologischen Differenzierung zwischen Alter (Anzahl der Lebensjahre) und Altern (vielfältige Erscheinungsweisen im Prozess) an.

4 Zur Differenzierung des Lebensabschnittes zeigen sich soziale Alterskategorien als weiterführend. Diese beziehen sich auf den Grad der Aktivität, die sozialen Beziehungen und

langen nach reflektierter Gestaltung angesichts der jeweiligen konkreten Lebensumstände. Altern[5] ist verbunden mit vielen spezifischen Herausforderungen und Chancen, aber auch mit Begrenzungen und der Notwendigkeit, Hilfe(-leistungen) anzunehmen. In der vorliegenden Untersuchung werden diejenigen älteren Menschen fokussiert, die nicht aufgrund ihres kalendarischen Alters Adressatinnen sind, sondern jene, die durch ihre physischen oder psychischen Zustände Hilfe- und Unterstützungsbedarfe haben und in einer stationären Altenhilfeeinrichtung leben. Als wichtiger Einflussfaktor zur Erfassung der Lebenswirklichkeiten der Bewohnerinnen wird die historische Kontextualität berücksichtigt, da Altern auch immer ein sozial bestimmter Prozess ist, in dem sich qualitative Unterschiede zwischen und innerhalb der Kohorten zeigen.

2.1.1 Bewohnerinnen in stationären Altenhilfeeinrichtungen

Im Folgenden wird, unter Bezugnahme auf das Konzept der Lebensphasen, zunächst das Leben in einer stationären Altenhilfeeinrichtung als eigene, sogenannte fünfte Lebensphase – das Fünfte Alter – markiert. Daran anschließend werden biografische Prägungen der Geburtsjahrgänge 1935 bis 1955 reflektiert. Mit Hilfe empirischer Studien zu den Auswirkungen des Zweiten Weltkrieges auf die Biografie heute alter, pflegebedürftiger Frauen werden Sozialisationskontexte in Deutschland kontextualisiert.

Leben ist in allen Phasen durch Vielfältigkeit geprägt. Dies betrifft auch das hohe Alter. Es erscheint kaum möglich, darüber allgemeine Aussagen zu treffen. Gestaltungsspielräume dieser Zeit sind häufig ein Ergebnis lebenslanger biografischer Einflüsse und Faktoren, die die eigene Lebensgeschichte bis zu diesem Punkt geformt haben (vgl. Steinfort-Diedenhofen 2022: 243). In der Sozialen Gerontologie wird immer wieder der Versuch unternommen, die verschiedenen Phasen des Alterns in unterschiedlichen sozialen Kategorien zu strukturieren, statt sich an kalendarischen Einteilungen zu orientieren. In der Regel ist der Beginn der jeweiligen Altersphase durch Übergänge markiert.

Netzwerke sowie das Ausmaß selbstständiger Lebensführung und Autonomie (vgl. Bubolz-Lutz et al. 2022: 33).

5 Mit dem Begriff des Alterns wird auf den Veränderungsprozess über die Lebensspanne verwiesen, der sich auszeichnet durch „Dynamik (positive und negative Veränderungen), Lebenslaufperspektive (Einfluss früherer Lebensabschnitte), Kontextualität (Wechselwirkung mit sozialen und Umweltmerkmalen), geschlechtsspezifische Unterschiede, interindividuelle Variabilität (große Unterschiede zwischen Personen, z. B. im Hinblick auf die geistige Leistungsfähigkeit, Persönlichkeits- und Bewältigungsmerkmale, soziale Beziehungsformen), intraindividuelle Variabilität (nicht alle Funktionen altern gleich, z. B. intraindividuelle Unterschiede zwischen körperlichen, geistigen und sozialen Ressourcen), Diskrepanz zwischen objektiven Fakten und subjektiver Bewertung, eigene Entwicklungspotentiale und Grenzen" (Bubolz-Lutz et al. 2022: 34).

Diese werden an typischen, oft auch kritischen Lebensereignissen festgemacht. Kricheldorff (2022: 33) erläutert zur Strukturierung des Lebens im Alter drei Alterskategorien, die sich an die von Laslett (1995) eingeführten vier Lebensalter – welche sich hinsichtlich des Verhältnisses von Produktivität, sozialem Eingebundensein und Unterstützungsbedarf des jeweiligen Menschen unterscheiden – anschließen. Mit der ersten Phase wird in diesem Modell die Kindheit und Jugend gefasst und mit der zweiten Phase das Erwachsenenleben, welches bei Laslett (1995) insbesondere durch die Logik der Erwerbsarbeit konturiert wird. Mit dem Begriff des Dritten Alters wird der Beginn der nachberuflichen und nachfamiliären Phase und das Ende der beruflichen Tätigkeit markiert.[6] Mögliche typische Lebensereignisse sind hier das Erleben von Rollendiffusion und der Notwendigkeit einer neuen Balance in einer lange bestehenden Partnerschaft. Als Viertes Alter wird die Phase bezeichnet, in der ältere Menschen die Notwendigkeit von Hilfe- und Unterstützungsbedarf erleben und sich daraufhin langsam aus dem gesellschaftlichen Leben zurückziehen und ihre persönlichen Grenzen erfahren. Den Umzug in eine stationäre Pflegeeinrichtung identifiziert Kricheldorff (2022: 33) als möglichen Startpunkt in das Fünfte Alter, das aber auch in der häuslichen, ambulanten Versorgung erlebt werden kann. Denkbare soziale Alterskategorien sind hier der Verlust von Autonomie sowie der ständige Bedarf an Hilfe und Pflege. Durch diese Kategorisierung lässt sich eine differenzierte Perspektive auf das Alter vornehmen.

Leben wird, auch im hohen Alter, gerahmt durch individuelle Lebensgeschichten, Lebensmuster und Lebenslagen. Die in dieser Untersuchung im Fokus stehenden Frauen sind nach dieser Einteilung dem Fünften Alter zuzuordnen. Sie sind bei aller Unterschiedlichkeit von gemeinsamen, kollektiven Lebensereignissen rund um die Kriegs- und Nachkriegszeit geprägt. Die Schnittstellen von Zeit- und Lebensgeschichten werden durch die Nutzung des Kohortenkonzepts[7] greifbar, da dieses „Spielräume für Entwicklungsoptionen und Lebensverläufe" (Fooken 2020: 517) aufzeigt.

Ein gemeinsames epochales Ereignis, das die individuellen Lebensgeschichten der heute ca. 70- bis 90-Jährigen in Deutschland geborenen und aufgewachsenen Frauen teilen, sind die Erfahrungen als sogenannte Kriegs-

6 Diese Kategorisierungen sind zu hinterfragen bzw. zu erweitern, da sie nur auf bestimmte Lebensentwürfe verweisen, die zwar eine Mehrheit abbilden mögen, aber nicht ausschließlich zu verstehen sind. Übersehen werden hier beispielsweise sowohl Menschen, die keiner regulären Erwerbsarbeit nachkommen (können), als auch Personen, deren Leben keinem ‚typischen' familiären Lebensmodell folgt.

7 Rekurriert werden kann hier auch auf den von Mannheim (1964) geprägten Begriff der ersten, zweiten und dritten Generation nach dem Krieg.

bzw. Nachkriegskinder.[8] Der Begriff der Kriegs- und Nachkriegskindheit verweist dabei nur auf Personen, die in Deutschland geboren und aufgewachsen sind. Um der gesellschaftlichen Heterogenität unserer Migrationsgesellschaft gerecht zu werden, sollten jedoch auch Personen(-gruppen) mitgedacht werden, deren kohortentypische Erfahrungen hier nicht zu verorten sind. Als ein Beispiel können die sogenannten Gastarbeiter*innen angeführt werden. Knapp 70 Jahre nach der Unterzeichnung des ersten Anwerbeabkommens befinden sich viele der Menschen, die zu dieser Zeit nach Deutschland migrierten und einen wesentlichen Teil des sogenannten deutschen Wirtschaftswunders durch ihre Arbeitsleistung getragen haben, im Fünften Alter (vgl. Schenk/Habermas 2020: 1). Forderungen nach kultursensiblen Konzepten für die absehbaren Gesundheitsversorgungsbedarfe gealterter Migrant*innen gibt es von Expert*innen seit den 1970er Jahren. Bis heute werden aber die Bedürfnisse dieser Personengruppen in der pflegerischen Versorgung nicht ausreichend berücksichtigt (vgl. Schenk/Habermas 2020: 2). Dies ist auch für die hier in den Fokus genommenen Adressatinnen zu beachten. Dennoch wird im Folgenden beispielhaft auf die Sozialisationskontexte der sogenannten Kriegs- und Nachkriegskinder eingegangen.

Auch wenn die Einteilung zunächst willkürlich erscheint, wird der Abgrenzung von Kriegs- und Nachkriegskindern gegenüber älteren und jüngeren Jahrgängen der Entwicklungspsychologin Fooken (2020: 518) gefolgt. Sie schlägt vor, für das Phänomen der Nachkriegskindheit in Deutschland im Wesentlichen die Geburtsjahrgänge 1935 bis 1955 zu identifizieren. Dabei erscheint es sinnvoll, „von Nachkriegskindheiten im Plural zu sprechen“ (Fooken 2020: 519), da sich die Selbstbezeichnungen der älteren Menschen dahingehend unterscheiden, ob sie sich selbst als Kriegskinder (die noch vor oder im Krieg geboren wurden) oder als Nachkriegskinder identifizieren – unabhängig von einer Beurteilung von außen. Diejenigen, die in den Kriegsjahren in Deutschland geboren sind, haben Bombardierungen, soziale Verluste, Trennungen, Flucht und Gewalt erlebt. Auch nach dem Zweiten Weltkrieg mussten die Menschen in vielen Regionen durch unterschiedliche Kriegsfolgen mit vielfachen Belastungen umgehen. Dies waren zum Beispiel Umsiedlungen und Vertreibungen sowie körperlicher und auch existenzieller Mangel an nahezu allem, was für die meisten Kinder und Jugendlichen in Deutschland heute selbstverständlich erscheint (z. B. Nahrung, Wohnraum, Hygiene, Kleidung, Schulunterricht).

Die Nachkriegsgeneration wurde zudem vielfach mit geschlechtlichen Rollenbildern sowie familiären Erziehungsmethoden nationalistischer Ideologie konfrontiert, welche die Generation ihrer Eltern und Erziehungspersonen maßgeblich prägten. Exemplarisch lässt sich diese Ideologie in dem weit ver-

8 Thematisierungen dieser Erfahrungen, auch im Hinblick auf sexualisierte Gewalterfahrungen von Frauen, sind u. a. weiterführend nachzuvollziehen bei Domansky/de Jong (2000), Loch (2006), Böhmer (2014) sowie Paula e.V. et al. (2016).

breiteten nationalsozialistischen ‚Erziehungsratgeber' „Die deutsche Mutter und ihr erstes Kind" von der Ärztin Johanna Haarer rekonstruieren. In diesem propagiert sie eine Erziehung zur Subordination, Gehorsamkeit sowie Disziplin und transportiert nationalsozialistische Vorstellungen von Familie und Gemeinschaft. Auch nach dem Ende des Dritten Reiches fand das Buch in korrigierter Fassung bis in die späten 1980er Jahre weite Verbreitung, mit zum Teil verheerenden Folgen für die Menschen, die unter den rigiden und bindungsarmen Erziehungsmethoden leiden mussten. Chamberlain konstatiert in ihrer umfassenden kritischen Analyse des Werkes und seiner Auswirkung auf die Sozialisation der sogenannten (Nach-)Kriegskinder mit Blick auf dessen nachhaltigen Einfluss auf Mutterschaft und Kindererziehung, „dass Einstellungen, Handlungs- und Verhaltensweisen […] sich gar nicht von einem auf den anderen Tag ändern [konnten]; sie konnten das umso weniger, je privater oder ‚persönlicher' sie waren. […] Frühkindliche nationalsozialistische Erziehung wirkte also noch lange nach 1945 fort. Das tat sie nicht nur durch Mütter, die nach dem sogenannten Zusammenbruch keineswegs ihre vorher ‚bewährten' Praktiken aufgaben, sondern es geschah darüber hinaus, indem das, was Kindern zuvor angetan worden war, weiterhin wirksam blieb und bis heute spürbar ist" (Chamberlain 2000: 8 f.). Erst gegen Ende der 1960er Jahre setzte ein gesellschaftlicher Wandlungsprozess bezogen auf die Stellung des Kindes innerhalb von Familien ein und veränderte „das herrschende Familienbild allmählich von einer Befehls- in eine Verhandlungsstruktur" (Fooken 2020: 519). Die in der Nachkriegszeit erlernte Sprachlosigkeit zwischen und in den Generationen wirken jedoch bis heute auf nachfolgende Generationen.[9]

In der Erforschung der Belastungen der ersten Nachkriegsjahre (1945–1950) wurde zunächst ein besonderes Augenmerk auf die psychische wie auch physische Schädigung von Kindern und Jugendlichen gelegt, die von Verfolgung und Flucht betroffen waren. So entstanden im Jahr 1950 von Lippert und Keppel erste bemerkenswerte qualitative psychologische Studienreihen. Diese erfassen die psychosoziale Situation von Kriegskindern, die auf der Insel Langeoog zur Kur verschickt wurden. Inhalt dieser Studienreihe war das Nachzeichnen des Erlebens und die Sicht der Kinder zur Bestimmung des Ausmaßes von physischer Gesundheit oder Psychopathologie (vgl. Fooken 2020: 521). Diese subjektorientierte Perspektive wurde in den nachfolgenden Jahren verlassen und ab 1952 damit begonnen, überregionale und interdisziplinäre Längsschnittstudien zur Situation der deutschen Nachkriegskinder durchzuführen (vgl. Coerper et al. 1954). Darin wurden insgesamt 4.500 Kinder und Jugendliche der Jahrgänge 1938/39 und 1945/46 unter den Aspekten der materiellen und sozialen Umwelt erfasst. Das Forschungsdesign macht deut-

9 Mit Konzepten wie dem der Transmissionsprozesse (vgl. Fooken 2020: 520) oder der transgenerationalen Traumatisierung (vgl. Huber/Plassmann 2012; Rauwald 2020) werden Übertragungen von Tabus und Traumata der älteren Generation auf die nachfolgenden Generationen beschrieben und bilden ein eigenes Forschungsfeld.

lich, dass es in diesen Studien weniger um die Erfassung der individuellen Belastungen als vielmehr um die Vermessung und Klassifizierung einer Generation ging, wobei die Definitionsmacht über Belastungen bei den Erwachsenen lag. Fooken bewertet die Auswirkungen wie folgt:

> Es lässt sich erahnen, wie und warum vor dem Hintergrund solcher Haltungen – sowohl in Familien als auch in Fürsorge-Institutionen – die verschiedenen Formen von Gewalt und Missbrauch gegenüber Kindern so lange ungehindert praktiziert werden konnten und diese Themen oft erst heute zur Sprache kommen. (Fooken 2020: 522)

In der aktuellen Forschungslandschaft finden sich zahlreiche Hinweise auf nachhaltige psychische und somatische Störungen, die auf die erfahrenen Belastungen in den Kriegs- und Nachkriegszeiten zurückzuführen sind (vgl. Decker/Brähler 2009; Kindler et al. 2013). Im Hinblick auf das Forschungsthema sexualisierte Gewalt erscheinen insbesondere Forschungen über Erziehungspraktiken aufschlussreich, in denen Kinder und Jugendliche lernten zu schweigen und sich der Autorität zu fügen. Es war typisch, dass Heranwachsende in der Nachkriegszeit lernten, so zu „[t]un, als ob nichts wäre“ (Grundmann et al. 2009: 164). So wurden gleichsam ein „bedingungsloser Gehorsam und die damit einhergehende Bereitschaft zur Identifikation mit dem Aggressor [anerzogen]“ (Grundmann et al. 2009: 32; siehe hierzu auch Kiess et al. 2014). Erkenntnisse über sexualisierte Gewalterfahrungen und Vergewaltigungen von Mädchen in den Jahren des Krieges und der Besatzungszeit liegen ebenfalls vor, wie beispielsweise die Arbeit „Das Geheimnis unserer Großmütter. Eine empirische Studie über sexualisierte Kriegsgewalt um 1945“ von Eichhorn und Kuwert aus dem Jahr 2011. Auch Gewalterfahrungen in Heimen und kirchlichen Einrichtungen, die in den letzten Jahren zunehmend aufgedeckt wurden, sind für viele Nachkriegskinder prägende und bis heute belastende Lebensereignisse.

Neben der Identifikation kohortenspezifischer Herausforderungen der Frauen im Fünften Alter hinsichtlich ihrer biografischen Prägungen wird im Folgenden zur Systematisierung des Forschungs- und Handlungsfeldes die Perspektive auf die Soziale Arbeit in der stationären Altenhilfe gerichtet.

2.1.2 Soziale Arbeit in der stationären Altenhilfe

Der Einzug in eine stationäre Einrichtung erfolgt zumeist aufgrund einer pflegerischen Notwendigkeit und bedeutet für die älteren Menschen selbst den Abschied vom eigenen gewohnten Umfeld und von den bis dato gelebten Routinen. Durch einen solchen Wechsel des Lebensumfeldes sollen Unterstützungsleistungen und Entlastungen begonnen oder ausgebaut werden, auch für sorgende und pflegende Angehörige. Die Studienlage zeigt, dass der Einzug in ein Pflegeheim von den Betroffenen individuell sehr unterschiedlich wahrgenommen wird (vgl. Naumann/Oswald 2020: 374 f.). Er kann als angstbesetztes, unfreiwilliges oder gar traumatisches Ereignis mit geringer Lebenszufriedenheit und niedrigem Wohlbefinden oder aber als qualitätsvolle und lebenswerte Aussicht auf Verbesserung bewertet werden.

Der mit dem Eintritt in eine vollstationäre Pflegeeinrichtung verbundene zumindest partielle Autonomieverlust und die Notwendigkeit, Hilfe in intimen Lebensbereichen anzunehmen, stellen in den meisten Fällen neue Lern- und Entwicklungsherausforderungen[10] dar. Wie diese angenommen und gestaltet werden können, wird durch viele Faktoren bedingt. Relevant sind hierbei einerseits die Subjekte – die im vorangegangenen Unterkapitel in den Blick genommen wurden –, andererseits die organisationalen Rahmungen. Die Betrachtung kohortenspezifischer Prägungen ist hilfreich, um differenzierte Perspektiven auf ältere Menschen, die aktuell in stationären Langzeitpflegeeinrichtungen leben, einnehmen zu können. Individuelle Handlungsspielräume zur Gestaltung der letzten Lebensjahre hängen oftmals stark mit Person-Umwelt-Austauschprozessen zusammen. Welche Rolle in diesem Gefüge die Soziale Arbeit spielt, wird im Folgenden weiter ausgeführt.

Die stationäre Altenhilfe ist zunächst dem Bereich Sozialer Arbeit im Kontext von Gesundheit und Pflege zuzuordnen. Sie hat hier die Funktion, im Zusammenwirken mit anderen Professionen Situationen zu flankieren, in denen Menschen auf Hilfe und Unterstützung angewiesen sind. Die Gründe hierfür sind vielfältig. Älteren Menschen können aufgrund körperlicher, psychischer oder kognitiver Beeinträchtigungen und/oder gesundheitlich bedingter Belastungen und Anforderungen Hilfe und Unterstützung benötigen. Nicht nur für die Soziale Arbeit, sondern als „berufsgruppenübergreifendes Ziel von Interventionen in der Pflege" formuliert Schmidt (2020) daher den Anspruch, Menschen so zu unterstützen, „dass sie trotz ggf. bleibender Beeinträchtigungen ein möglichst selbstwirksames, ihren subjektiven Präferenzen entsprechendes Leben führen können" (Schmidt 2020: 208). Dieser Blick auf das Individuum und die mit ihm verbundene Frage nach subjektiver Lebenszufriedenheit weist darauf hin, dass die jeweiligen Voraussetzungen bis ins hohe Alter höchst individuell sind und auch angesichts von Pflegebedürftigkeit bis zum Lebensende nach Beantwortung streben. Deutlich wird bereits hier, dass es jenseits der Perspektive auf die Hilfsbedürftigkeit von älteren Personen auch immer um Strukturen von Ermöglichung geht. Für die Soziale Arbeit eröffnet sich damit, auch weil die Zahl der Pflegebedürftigen stetig steigt, ein breites

10 Aus geragogischer Perspektive geht es hierbei insbesondere um die Entwicklung eines Kohärenzgefühls, in dem im Sinne der Salutogenese folgende Ziele im Fokus stehen: „das Erschließen von individuellen und kollektiven biografischen Ressourcen, um den sich verändernden Anforderungen des Lebens entsprechen zu können", „die Rekonstruktion der Ereignisse des Lebens, die damit erklärbar werden im Sinne einer Lebensbilanzierung" und „die Entwicklung der Grundüberzeugung, dass sich das Leben lohnt – trotz Einschränkungen und Anstrengungen" (Bubolz-Lutz et al. 2022: 211).

Aufgabenspektrum in der „Erhaltung und Förderung von Selbstbestimmung und Teilhabe durch Beratung, Betreuung, Bildung und Begleitung“ (Steinfort-Diedenhofen 2022: 243). Welche Rolle der Profession und Disziplin in der Gestaltung des demographischen Wandels innerhalb der ambulanten und stationären pflegerischen Versorgung genau zukommen sollte, ist jedoch noch nicht abschließend geklärt. Im Folgenden werden Perspektiven auf das gewählte Handlungs- und Forschungsfeld vorgestellt, die sich auf dominante Deutungsmuster beziehen und aktuelle Entwicklungen Sozialer Arbeit mit pflegebedürftigen älteren Menschen rahmen.

Pflegebedürftigkeit lässt sich als „spezifische Lebenslage“ (Pohlmann 2016: 25) mit charakteristischen Beratungsbedarfen identifizieren. Betroffene und Angehörige sind mit einer Vielzahl von Anbietern von Altenpflegeeinrichtungen und Pflegediensten sowie mit dem undurchsichtigen Förderrecht der Pflegeversicherung konfrontiert. Im Falle einer drohenden oder bestehenden Pflegebedürftigkeit besteht daher der gesetzliche Anspruch auf freiwillige, individuelle Hilfestellung. Im Rahmen der sogenannten Pflegeberatung (§ 7a SGB XI) haben Personen, die Leistungen nach dem Elften Sozialgesetzbuch (SGB XI) erhalten, Anspruch auf individuelle Beratung und Hilfestellung bei der Auswahl und Inanspruchnahme von Sozialleistungen und sonstigen Hilfsangeboten, die auf die Unterstützung von Menschen mit Pflege-, Versorgungs- oder Betreuungsbedarf ausgerichtet sind. Im Gesetzestext sind ausdrücklich auch Sozialarbeiter*innen mit einer erforderlichen Zusatzqualifikation zur Realisierung dieser Pflegeberatungen benannt (§ 7a Abs. 3 Satz 2 SGB XI). Aufgabe der Sozialen Arbeit ist die Koordination der Sachleistungen und Einschätzung des Hilfebedarfs im Sinne des Schnittstellen- oder Case-Managements. Bislang fehlt es jedoch an empirisch aussagekräftigen Evaluierungen zu der Frage, inwiefern und ob sich solche Pflegeberatungen, die von Sozialarbeitenden flankiert werden, positiv auf die Situation von Pflegebedürftigen auswirken (vgl. Rixen 2020: 322).

Von den ca. 4,1 Millionen Pflegebedürftigen in Deutschland werden 56 % zu Hause versorgt, und dies überwiegend von pflegenden und sorgenden Angehörigen allein. Weitere 24 % werden ebenfalls zu Hause versorgt, jedoch mit der Unterstützung ambulanter Pflege- oder Betreuungsdienste. Nur ca. 20 % aller Pflegebedürftigen leben in vollstationären Einrichtungen (vgl. Statistisches Bundesamt 2020). Dabei gilt: Je höher der Grad der Pflegebedürftigkeit ist, desto wahrscheinlicher ist es, dass die Pflege nicht ausschließlich durch Angehörige übernommen, sondern durch ambulante Dienste unterstützt wird. Hierbei überwiegt mit 67 % der Anteil der privatgewerblichen Anbieter; freigemeinnützige Anbieter machen knapp 33 % aus. Öffentliche Anbieter spielen kaum eine Rolle. Die Soziale Arbeit ist in diesem ambulanten Bereich nur marginal präsent, da im Unterschied zur Tages-, Kurzzeit- und vollstationären

Pflege Betreuungsbedarf nicht als Sachleistung zulasten der Pflegeversicherung abgerechnet werden kann.

Stationäre Altenhilfeeinrichtungen, als eine der Optionen zur Gestaltung der spezifischen Lebenslage Pflege, lassen sich, im Sinne der Systematisierung von Thole, als „lebensweltersetzende Formate“ (Thole 2012: 28) klassifizieren, da sie einen umfassenden Versorgungsauftrag für die komplexen Pflege- und Betreuungsbedarfe im Alter haben. Trotz der skizzierten Weiterentwicklungen innerhalb des Gesundheits- und Pflegesektors bleiben die Aufgabe und der Auftrag der Sozialen Arbeit innerhalb dieser stationären Settings noch weitestgehend unklar und im Ermessen der Träger von Diensten und Einrichtungen (vgl. Schmidt 2020: 14). Dies hat den Hintergrund, dass die soziale Pflegeversicherung und die Landesheimgesetze nicht vorgeben, welche professionellen Dienste in einer Einrichtung tätig sein müssen. Die rechtliche Grundlage für die Tätigkeit von Fachkräften der Sozialen Arbeit in Heimen bildet unter anderem das Heimgesetz (HeimG). Heime sind im Sinne dieses Gesetzes „Einrichtungen, die dem Zweck dienen, ältere Menschen oder pflegebedürftige oder behinderte Volljährige aufzunehmen, ihnen Wohnraum zu überlassen sowie Betreuung und Verpflegung zur Verfügung zu stellen oder vorzuhalten, und die in ihrem Bestand von Wechsel und Zahl der Bewohner*innen unabhängig sind und entgeltlich betrieben werden“ (§ 1 HeimG). Die qualifikatorischen Anforderungen an Soziale Arbeit in Heimen gemäß der Heimpersonalverordnung variieren je nach Bundesland, da alle 16 Bundesländer auf Basis der Heimpersonalverordnung (HeimPersV) nähere Regelungen in gesonderten Durchführungsverordnungen (DVSG) getroffen haben. Beispielhaft sei hier auf die Auslegungen des Gesetzes in Nordrhein-Westfalen (NRW) verwiesen. Hier wird seit 2014 im Wohn- und Teilhabegesetz definiert, welche Qualifikationen Fachkräfte einbringen müssen:

> Fachkräfte sind Beschäftigte, die in einer mindestens dreijährigen Ausbildung oder einem Studium die erforderlichen Fähigkeiten und Kenntnisse erworben haben, um Tätigkeiten auf dem Gebiet der Pflege oder sozialen Betreuung unter Beachtung des jeweils aktuellen Standes der fachlichen Erkenntnisse auszuüben. (§ 3 Abs. 5 WTG NRW)

In der Formulierung „Ausbildung oder Studium“ wird deutlich, wie groß hier die Entscheidungsbefugnisse der Träger sind, die ihre personellen Entscheidungen nicht zuletzt auch unter finanziellen Aspekten abwägen. Entsprechend kennzeichnet das Aufgabenfeld eine große Vielfalt beruflicher Qualifikationen der tätigen Fachkräfte. Ihre gemeinsame Aufgabe ist es, den Bewohner*innen einen Lebensraum zu bieten, in dem sie die notwendige Pflege und Betreuung, aber auch Freiräume zur Selbstbestimmung erfahren. Angesichts eines stark reglementierten Tagesablaufs und unter Ressourcendruck muss hier innerhalb der multiprofessionellen Teams immer wieder ausbalanciert werden, wie die

Lebensqualität der Bewohner*innen innerhalb des institutionellen Rahmens erhalten und ermöglicht werden kann.

Auf Basis der sehr unterschiedlichen Regelungen der Länder scheint es daher nicht verwunderlich, dass sich seit der Einführung des SGB XI (1995) bislang kein bundesweit übergreifendes Aufgabenprofil von Sozialer Arbeit im Bereich von Gesundheit und Pflege entwickelt hat (vgl. Aner 2020: 29 ff.). Die stationäre Altenhilfe kann daher als heterogenes und dynamisches Handlungsfeld Sozialer Arbeit betrachtet werden. Dies spiegelt sich auch in der Organisationsform und Trägerschaft der Einrichtungen wider. Für das Jahr 2019 erfasst das Statistische Bundesamt (2020: 33) insgesamt 15.380 Pflegeheime. Davon sind 8.115 Einrichtungen in freigemeinnütziger Trägerschaft, gefolgt von privaten Trägern mit 6.570 Einrichtungen. Beide Bereiche sind in den letzten zehn Jahren stetig angewachsen, die privaten Träger konnten die Zahl ihrer Einrichtungen sogar verdoppeln.[11] Eine eher leicht abnehmende Tendenz zeigt die Anzahl von Pflegeheimen in Deutschland, die in der Hand öffentlicher Träger liegen. Waren dies im Jahre 1999 noch 750 Einrichtungen, sind es 2019 nur noch 695 (vgl. Statistisches Bundesamt 2020: 33).

Zum Verständnis der beschriebenen Entwicklungen sollte auch der im Jahre 2017 eingeführte neue Begriff der Pflegebedürftigkeit berücksichtigt werden. Dieser sieht eine Ausdifferenzierung von bisher drei Pflegestufen auf fünf Pflegegrade vor und fokussiert dabei insbesondere den Grad der Selbstständigkeit der Pflegebedürftigen in sechs pflegerelevanten Bereichen, die dann jeweils unterschiedlich gewichtet werden. Rixen bewertet diese Neufassung des Pflegebedürftigkeitsbegriffs als „bereichsspezifisch differenzierendes Konzept der Vulnerabilität", da mit den oben benannten Merkmalen nicht „handfeste Verrichtungen" fokussiert werden, „sondern auch die Person als kommunikatives, in und von Beziehung lebendes Wesen" (2020: 320) in den Mittelpunkt rückt. Durch diesen im Vergleich zum vorherigen eher verrichtungsbezogenen Pflegebedürftigkeitsbegriff wird eine ganzheitlichere Betrachtung des pflegebedürftigen Menschen möglich. Folglich werden auch Konzepte und Praxisangebote der Sozialen Arbeit anschlussfähiger und tradierte Formate und Settings überarbeitungswürdig. So kann beispielsweise durch den Ansatz des Empowerments die Selbstwirksamkeit auch bei einem hohen Pflegegrad bis zum Lebensende als Ziel fokussiert werden. Dies betonen auch Kricheldorff und Klott: „In der Sozialen Arbeit entwickelt sich parallel die Orientierung an ressourcenorientierten Ansätzen und am Empowerment, verbunden mit einem Wandel in professionellem Habitus und Haltung" (2017: 435). Benötigt und an vielen Stellen aktuell im Rahmen von Projekten erprobt werden dazu neue Konzepte in der Altenhilfe, die Erkenntnisse aus der Gerontologie und Pflegewissenschaft – beispielsweise hinsichtlich der lebens-

11 Bezüglich der Privatisierung des Pflegesektors scheint auch hinsichtlich des behandelten Themas eine kapitalistisch-kritische Betrachtung angezeigt bzw. sollte dieser Aspekt im Falle einer intersektional geleiteten Untersuchung explizit berücksichtigt werden.

langen Lern- und Entwicklungsfähigkeit älterer Menschen – integrieren. Dabei erfahren insbesondere Konzepte und Methoden zunehmende Aufmerksamkeit, die dazu beitragen, dass auch Menschen mit Demenz mit ihren spezifischen Bedarfen bis ans Lebensende ein Leben in Würde führen können.

In den letzten Jahren zeigt sich zudem ein wachsendes Interesse an der Rollenklärung von Sozialer Altenarbeit im Bereich Gesundheit und Pflege. Die hier vorgelegte Analyse reiht sich damit in die Auseinandersetzung mit entsprechenden Fragestellungen in Forschung und Praxis ein und zeigt konkret zum Phänomen sexualisierter Gewalt auf, welche Relevanz die Perspektive Sozialer Arbeit bereits hat und wohin sie sich entwickeln sollte. Deutlich wird: Die Soziale Arbeit kann immer nur ein Teil in einem komplexen interdisziplinären Kontext sein, dessen Ziel es ist, Lebensqualität und Selbstständigkeit der Bewohner*innen zu ermöglichen.

Auch die Forschung zum Phänomen sexualisierter Gewalt in der stationären Altenhilfe sollte multiperspektivisch erfolgen. Eine Bestandsaufnahme des aktuellen Forschungsstandes ist gut beraten, die Vielfalt dieses Handlungsfeldes differenziert zu reflektieren, um die spezifischen Herausforderungen und Handlungsmöglichkeiten zu identifizieren, denen sich die Soziale Arbeit im Umgang mit sexualisierter Gewalt gegen pflegebedürftige ältere Menschen zu stellen hat. Dass die Soziale Arbeit hier einen Auftrag, und zwar nicht nur in der Identifikation von Herausforderungen im stationären Pflegealltag, sondern vor allem auch in der konkreten konzeptionellen Gestaltung und Erhaltung von Lebensqualität der Bewohner*innen hat, steht im Fachdiskurs außer Frage (vgl. Wichers 2018: 506).

2.2 Sexualisierte Gewalt

Der Begriff der sexualisierten Gewalt – der unter anderem eingeführt wurde, um problematische Ausdrücke wie ‚sexueller Missbrauch‘[12] abzulösen – ist inzwischen im öffentlichen Sprachgebrauch etabliert und kann als Ergebnis eines langen (vor allem feministischen) Diskurses gewertet werden. Im Folgenden soll sich dem Begriff und seinen Facetten angenähert werden, um ihn anschließend für das Setting stationäre Altenhilfe und ihre Adressat*innengruppen anwendbar zu machen.

12 Der Begriff sexueller Missbrauch suggeriert eine unzulässige Objektivierung der betroffenen Person, da im Umkehrschluss ein legitimer ‚sexueller Gebrauch‘ impliziert wird.

2.2.1 Begriffssondierung

Die Verwendung des Terminus ‚sexualisierte Gewalt' verweist durch die Koppelung der beiden Begriffe ‚Sexualität' und ‚Gewalt' auf den spezifischen Verstehenszugang: Sexualisierte Gewalt wird als Ausdruck gewaltvoller Machtausübung begriffen, bei der sexuell aufgeladene Handlungen als Mittel der Machtausübung verwendet werden. Da die soziale Dimension von Sexualität[13] neben dem Begehrens-, Reproduktions- und Kommunikationsaspekt immer auch einen Beziehungsaspekt umfasst, ist es naheliegend, dass sich Machtverhältnisse in und durch Sexualität offenbaren (vgl. Baldus/Utz 2011: 12) und dass ebendiese interpersonell genutzt werden können, um Gewalt auszuüben. Die analytisch feine Grenze zwischen Macht und Gewalt weist auf die Trennlinie zwischen sexueller Handlung und sexualisierter Gewalt hin: eine sexuelle Handlung[14] transformiert sich bei fehlender Einvernehmlichkeit in eine sexualisierte Gewalthandlung. Sexualisierte Gewalt kann jedoch auch dann vorliegen, wenn eine Handlung nicht in dem Sinne sexuell ist, dass sie im Zusammenhang mit der sexuellen Befriedigung der Täter*innen steht. Gemeint sind beispielsweise Taten, die ausschließlich der Demütigung der betroffenen Personen dienen, wie es z.B. bei sexualisierten Foltermethoden[15] der Fall ist.

Es zeigt sich, dass die sprachliche Fassung dessen, was sexualisierte Gewalt ausmacht, höchst kontextabhängig und komplex ist. Dies gilt entsprechend für die individuelle Deutung der Erfahrung von sexualisierter Gewalt. Was hiermit für betroffene Menschen einhergeht und was als solche benannt wird, bewegt sich in einem Spannungsverhältnis zwischen Anerkennungswunsch und Stigmatisierungssorge. Hier wird zwischen interpersonellen und innerpersonellen Deutungen unterschieden (vgl. Sanyal 2016: 64). Interpersonelle Definitionen, wie z.B. juristische Normen, bergen die Gefahr, die Subjektpositionen zu übersehen und deutungsmächtig zu überformen. Im Diskurs zu sexualisierter Gewalt wird daher auch dafür plädiert, die Deutungs- und Definitionsmacht denjenigen zu überlassen, die betroffen sind (vgl. Schlingmann 2020). Hierbei handelt es sich um die innerpersonellen Deutungen. Um beiden Positionen gerecht zu werden, wird in dieser Arbeit sexualisierte Gewalt definiert als grenzüberschreitende Handlung, die die sexuelle Intimsphäre und Integrität einer Person verletzt oder in irgendeiner Form beeinträchtigt. Dabei ist sie gekoppelt an die geschlechtliche Identität und die sexuelle Orientierung, die der betroffenen durch die übergriffige Person zugeschrieben wird.

Sexualisierte Gewalt zeigt sich z.B. in Form sexistischer Abwertungen in der Sprache, durch sexualisiert-anzügliche Blicke, in nicht einvernehmlichen

13 Sexualität kann als Containerbegriff gewertet werden; eine ausführliche, kritische Auseinandersetzung mit dem Begriff Sexualität findet sich bei Möser (2022).

14 Bei der eine asymmetrische Machtverteilung durchaus ihren Platz haben darf.

15 Wie beispielsweise in dem medienwirksamen Fall der sexuellen Folter von Gefangenen im Abu-Ghuraib-Gefängnis durch US-amerikanische Soldat*innen.

sexuellen Berührungen bis hin zum nicht einvernehmlichen Geschlechtsverkehr. Eine Tat sexualisierter Gewalt liegt immer dann vor, wenn einer Handlung nicht (explizit oder implizit) zugestimmt wird – diese also nicht einvernehmlich bzw. konsensual stattfindet. Wenn eine direkt oder indirekt geäußerte Zustimmung zur Handlung aufgrund verschiedener Bedingungen nicht geäußert werden kann, handelt es sich ebenfalls um sexualisierte Gewalt. Diese Bedingungen sind u. a. gegeben, wenn die betroffene Person aufgrund ihres physischen, kognitiven oder psychischen Zustands nicht in der Lage ist, den eigenen Willen zu äußern oder der Handlung bewusst zuzustimmen[16] – dies betrifft beispielsweise Menschen mit Spracheinschränkungen oder Menschen, die soziale Dynamiken von Machtverhältnis, Abhängigkeit und Manipulation nicht in ihrer Tragweite zu deuten vermögen, wie etwa bei Menschen mit fortgeschrittener Demenz. Das fehlende oder unzureichende Wissen der Betroffenen darüber, dass das, was ihnen angetan wird, eine grenzüberschreitende Tat und mithin eine Gewalthandlung ist, erleichtert den Täter*innen ihren Übergriff (siehe hierzu ausführlicher Kapitel 2.3).

Im wissenschaftlichen Diskurs zu sexualisierter Gewalt gibt es diverse Systematisierungs- und Kategorisierungsvorschläge, insbesondere im kriminalistischen und juristischen Bereich, die eine Einteilung in verschiedene Schweregrade der sexualisierten Gewaltformen vornehmen, beispielsweise die gängige Einteilung in Hands-on- und Hands-off-Delikte (vgl. Görgen et al. 2006: 383). Hierbei ist das Differenzierungsmerkmal der Körperkontakt zwischen Opfer und Täter*in. So wird z. B. das Erzwingen von sexuellen Handlungen der betroffenen Person an sich selbst als Hands-off-Tat beschrieben, da die*der Gewalttäter*in die betroffene Person in dieser Form der sexualisierten Gewalt selbst nicht berührt. Gleichwohl besteht auch hier die Problematik, dass diese mitunter normativen ‚Klassifizierungen' Gefahr laufen, die subjektiv sehr unterschiedlich wahrgenommenen Erlebnisse zu gewichten. Wie sich welcher Übergriff im Individuum abbildet, vermag keine Kategorisierung zu bewerten – umso relevanter erscheint die Aufforderung, die Deutungsmacht und -hoheit den betroffenen Personen zu überlassen und diese anzuerkennen.

Der Mechanismus der deutungsmächtigen Überformung und die damit für die betroffenen Personen einhergehende Tragweite lässt sich beispielhaft auch an dem im Zusammenhang mit sexualisierter Gewalt verwendeten Opferbe-

16 Hieraus ergibt sich wiederum das Dilemma, wie die Konsensfähigkeit einer Person zu bestimmen und zu bewerten ist. Beispielsweise einer Person mit (fortgeschrittener) demenzieller Veränderung ihre Konsensfähigkeit unhinterfragt abzusprechen und ihr deshalb ggf. das Ausleben ihrer Sexualität zu verunmöglichen, kann ebenfalls eine Missachtung der sexuellen Rechte und einen grenzüberschreitenden Eingriff in die Sexualität der betreffenden Person bedeuten (siehe hierzu ausführlich Schröck et al. 2021 und Rimbach/Römisch 2022).

griff[17] verdeutlichen, der vielfach in der Kritik steht. Der Diskurs um den Begriff wird zuvorderst von Menschen vorangetrieben, die (sexualisierte) Gewalt erleben mussten, sich aber mit dieser Bezeichnung nur schwer identifizieren wollen. Sie lehnen den Opferbegriff ab, da sie durch ihn auf ebendiese Erfahrung reduziert werden. So etikettiert das Wort ‚Opfer' die betroffene Person nachhaltig, wodurch sie „nur noch unter dem Blickwinkel dessen betrachtet [würde], was ihr zugestoßen ist" (Barry 1983: 38). In Anschluss an diese Kritik wird im Folgenden die Formulierung ‚Betroffene sexualisierter Gewalt' verwendet. Auch wenn im Gewaltdiskurs – mit einseitigem Rückgriff auf das Strafrecht – kolportiert wird, das Begriffspaar ‚Täter-Opfer' gehöre untrennbar zusammen, grenzen sich die Autorinnen davon ab, indem bewusst der Täter*innenbegriff ohne den Konterpart ‚Opfer' verwendet wird. Täter*innen wird – im Gegensatz zu den Betroffenen – keine Deutungsmacht hinsichtlich ihres Täter*innen-Seins zugebilligt. Ob sie Täter*in sind oder nicht, obliegt nicht ihrer Interpretation (vgl. Hagemann-White 2019: 151 f.).

2.2.2 Traumafolgen sexualisierter Gewalt

Der folgende Abschnitt beschreibt mögliche Folgen sexualisierter Gewalt mit besonderer Berücksichtigung der Adressatinnengruppe. Hierbei wird auf die Risiken einer ungenügenden Differenzialdiagnostik zwischen Traumafolgestörungen und Demenz hingewiesen. Die Ausführungen sind aber nicht als diagnostischer Kriterienkatalog zu verstehen, sondern vielmehr als Aufforderung, die Möglichkeit von Auswirkungen sexualisierter Gewalt für Betroffene stets mitzudenken und sie in die (professionelle) Haltung im Sinne eines traumasensiblen Umgangs einzubinden.

Initiale Folgen und Langzeitfolgen sexualisierter Gewalt können physischer[18] und psychischer Art und von unterschiedlichem Ausmaß sein und stellen sich meist ubiquitär und als vielfältige „Symptomkomplexe" (Mosser 2018: 822) dar. Die Folgen für das Individuum werden seit den 1980er Jahren (vor allem im englischsprachigen Forschungsraum) intensiv beforscht. Die Forschung zu Traumafolgeerkrankungen konzentriert sich jedoch auf Symptome und Behandlungsoptionen bei Kindern, Jugendlichen und Erwachsenen im mittleren Lebensalter. Erwachsene über 65 Jahre werden aus methodischen Gründen meist aus Untersuchungen ausgeschlossen (vgl. Böttche et al. 2011: 230).

17 Der Begriff Opfer ist nur dann zutreffend, wenn von Delikten im strafrechtlichen Zusammenhang gesprochen wird. Im Moment der Viktimisierung durch eine Straftat ist die betroffene Person als Opfer zu bezeichnen. Jedoch handelt es sich hierbei nicht um einen bleibendes, weiterhin die Person charakterisierendes Merkmal.

18 Die physischen Folgen können an dieser Stelle nicht ausführlich dargestellt werden – für entsprechende weiterführende Informationen zu forensischen Screenings, spezifisch bezogen auf ältere Frauen, sei auf Burgess et al. 2005, Smith et al. 2018 und 2019 verwiesen.

Letztendlich resümieren die einschlägigen Studien, dass die Effekte auf die betroffene Person und das Ausmaß der Symptome von einer Vielzahl von Determinanten beeinflusst werden. Unter anderem hat die (Abhängigkeits-) Beziehung zu der gewalttätigen Person einen Einfluss auf die Einordnung und psychische Verarbeitung der sexualisierten Gewalterfahrung, ebenso wie ein vorhandenes oder fehlendes Unterstützungsangebot durch das soziale Setting der von sexualisierter Gewalt betroffenen Person (vgl. u. a. Dworkin 2018). Auch die gesellschaftliche Positioniertheit der betroffenen Person sowie ihre Resilienz- und Schutzfaktoren haben Einfluss auf die Auswirkungen (vgl. Anderson et al. 2022: 4806).

Für den Zweck dieser Publikation werden die psychisch-emotionalen Folgen von sexualisierter Gewalt anhand des Begriffes ‚Trauma' nun eingehender betrachtet, wobei der hier verwendete Traumabegriff explizit nicht im ausschließlich klinisch-pathologischen Sinne verwendet wird und sich also nicht auf formale Diagnosekriterien von Traumafolgestörungen gemäß DSM-5 oder ICD-11 beschränkt. Die Deutsche Gesellschaft für Psychotraumatologie (DeGPT) hat ein Manual handlungsleitender Empfehlungen für Praktiker*innen sozialer Bereiche herausgegeben, in dem sie ein erweitertes – und von den Autorinnen geteiltes – Traumaverständnis vorschlägt:

> Als traumatisch werden solche Ereignisse bezeichnet, die eine außergewöhnliche Belastung oder extreme Bedrohung darstellen, die den tatsächlichen oder drohenden Tod oder eine ernsthafte Verletzung umfasst. Dies schließt auch die Bedrohung anderer Personen mit ein. Die Definition kann i. d. R. nicht nur nach objektiven Kriterien erfolgen, die subjektive Bewertung durch die betroffene Person ist mitentscheidend. (DeGPT 2019: 6)

Ein Trauma ist die Betroffenheit einer Person durch ein traumatisches Ereignis, das als ernsthafte Bedrohung der körperlichen und psychischen Unversehrtheit erlebt wird und mit extremen Gefühlen von Furcht, Ohnmacht und Hilflosigkeit einhergehen kann (vgl. Böhmer/Griese 2016: 22). Traumatisierung hingegen bedeutet die psychopathologische Manifestierung dieses traumatischen Ereignisses, die geschehen kann, aber nicht muss.[19] Zudem ist der Begriff Trauma auch als gesellschaftlicher und politischer Prozess zu verstehen, da sich das mit ihm verbundene Leid der Betroffenen entlang gesellschaftlicher Gewaltverhältnisse artikuliert (vgl. Langer et al. 2020: 17). Hieraus lässt sich eine konkrete Anrufung an die Soziale Arbeit ableiten, deren Aufgabe es neben der direkten Begleitung der Betroffenen u. a. ist, auf soziokulturelle Aspekte von Trauma zu reagieren, beispielsweise durch den Abbau zusätzlicher traumabezogener Stressoren (Destigmatisierung von psychischen Traumafolgen, Schaffung sicherer Räume für Betroffene, Verhinderung von Marginalisie-

19 Für ein vertieftes Verständnis und eine ausgiebige Verhandlung der Symptomatik von Trauma und Traumatisierung sei auf das Buch „Komplexe Traumafolgestörungen: Diagnostik und Behandlung von Folgen schwerer Gewalt und Vernachlässigung" von Sack et al. (2018) verwiesen.

rungen der Betroffenen und ihr Empowerment, Sicherung der Lebensverhältnisse etc.).

Traumabezogene psychische Reaktionen äußern sich je nach Entwicklungsstand unterschiedlich (vgl. Mosser 2018: 827), daher erscheinen eine entwicklungsbezogene Perspektive – u. a. hinsichtlich ihrer Mehrgenerationendynamik (z. B. in Form intergenerationaler Weitergabe) – sowie weiterführende Forschungen zum Thema Traumafolgen und deren Manifestationen bei Menschen im Fünften Alter ertragreich. Hierbei sollte berücksichtigt werden, dass bei Menschen im Fünften Alter sowohl belastende Ereignisse aus (deutlich) jüngeren Lebensabschnitten als auch erst kürzlich zurückliegende Ereignisse Auslöser einer Traumareaktion sein können. Böhmer und Griese (2016: 25) geben zu bedenken, dass die Symptome einer (Re-)Traumatisierung im hohen Alter denen einer Demenz stark ähneln können und daher Traumafolgen übersehen bzw. falsch gedeutet werden (können).[20] Eine daraus resultierende Fehleinschätzung kann einschneidende negative Folgen haben. So werden in der Konsequenz häufig eine Behandlung mit ruhigstellenden Psychopharmaka, spezifisch demenzbezogenen Beschäftigungstherapien und Realitätsorientierungstrainings eingeleitet (vgl. Böhmer/Griese 2016: 25). Dies sind Maßnahmen, die vielleicht vordergründig die Symptomatik abmildern, jedoch den traumaspezifischen Gefühlen und Bedürfnislagen der Betroffenen nicht gerecht werden.

Zur Veranschaulichung der Ähnlichkeit und somit der leichten Verwechselbarkeit, wenn keine ausführliche Differenzialdiagnostik durchgeführt wird, zeigt Tabelle 1 eine Gegenüberstellung von Symptomen demenzieller Veränderungen und Posttraumatischer Belastungsstörung.

20 Neben der Verwechslung von Demenz- und Traumacharakteristika stehen diese beiden Aspekte in anderer Weise im Zusammenhang: So zeigen Studien, dass durch Traumafolgestörungen im Ersten bis Vierten Alter ein starker und potenziell modifizierbarer Risikofaktor für die Entstehung einer Demenz im hohen Alter vorliegt (vgl. Günak et al. 2020).

Tab. 1: Gegenüberstellung von Symptomen PTBS und Demenz (Quelle: eigene Darstellung in Anlehnung an Böhmer 2017: 88)

Symptome eines PTBS	Symptome einer Demenz
Flashbacks, Intrusionen, Apathie	Gedächtnisstörungen
Gedächtnis- und Konzentrationsstörungen	Nachlassen des Kurzzeitgedächtnisses Sprachstörungen
Bewusstseinsstörungen, Halluzinationen	Halluzinationen Wahnvorstellungen
Desorientierung, Dissoziation	Orientierungsschwierigkeiten (örtlich, zeitlich)
Schlafstörungen, Albträume	Schlaflosigkeit
Angst- und Panikattacken, Herzrasen	Panikattacken, wahnhafte Überzeugungen, Angst
Übererregung, Reizbarkeit	
Isolation, Rückzug	Rückzugstendenzen, Isolation
Abflachung des emotionalen Ausdrucks	Veränderung der Stimmung Aggressionen, Streitsüchtigkeit

Traumafolgestörungen treten im Fünften Alter auch häufig assoziiert mit Somatisierungs- und somatoformen (Schmerz-)Störungen auf (vgl. Hucklenbroich et al. 2014). Neben den aufgrund des fortgeschrittenen Alters typischen körperlich begründeten Beeinträchtigungen, deuten sich durch „präformierte[.] Argumentationsschienen […] psychische Belastungen an, ohne dass die Betreffenden selber die Ursache für ihre Beschwerden im emotionalen oder psychischen Erleben erkennen können. Ihre behandelnden Ärzte denken bei dieser Altersgruppe zu selten an diese Zusammenhänge“ (Hucklenbroich et al. 2014: 203).

Aus Angst vor Stigmatisierung durch die Diagnose einer psychischen Erkrankung vermeiden gerade ältere Menschen das Sprechen über psychische Symptome. Fachkräfte berichten, dass ältere Menschen oftmals „chronische Symptome einer PTBS erst auf Nachfrage beschrieben als ‚Symptome, mit denen ich schon Jahrzehnte lebe‘“ (Hucklenbroich et al. 2014: 205). Anders als jüngere Menschen, die in einer psychischen Erkrankungen inzwischen offener gegenüberstehenden Gesellschaft aufwachsen, seien „Ältere eher zurückhaltend, auch aus Angst davor, als ‚verrückt‘ zu gelten“ (Hucklenbroich et al. 2014: 205). Da das oben dargestellte Risiko einer Fehldiagnostik, die zu einer unzureichenden und falschen Behandlung führen kann, besteht, beruht diese Zurückhaltung, von psychischen Symptomen zu berichten, durchaus auf einer nachvollziehbaren und berechtigen Befürchtung.

Darüber hinaus zeigen Studien (v. a. Keilson 1979), dass das, was nach dem Trauma den Betroffenen passiert bzw. die Reaktionen ihnen gegenüber (Tabuisierung, Schweigegebot, Schuldzuweisung), zu einer so genannten sequenziellen Traumatisierung führen kann. So kann eine nicht zufriedenstellende Aufarbeitung des erlebten Traumas die betroffene Person erneut traumatisieren und zu einer Verschärfung der Traumafolgen führen (vgl. Brenssell/ Hartmann 2017).

Für die vorliegende Fragestellung sowie im Kontext sequenzieller Traumatisierung ist zusätzlich das Phänomen des „institutional betrayal" (Smith/ Freyd 2013 und 2014) – des institutionellen Verrats – zu beachten. Ausgangspunkt ist sexualisierte Gewalt, die innerhalb einer Organisation (z. B. einer Hochschule/Universität, dem Militär, der Kirche oder in einer Pflegeeinrichtung) verübt wird. Es kennzeichnet das Gefühl Betroffener, die Organisation habe sie verraten, da diese den (sexualisierten) Übergriff nicht verhindert und/oder nicht mit angemessener Unterstützung auf ihn reagiert hat (vgl. Smith/Freyd 2013). Beim institutionellen Verrat stehen neben den Täter*innen, der Einrichtungsleitung und dem (nicht vorhandenen oder mangelnden) Präventions- und Interventionskonzept der Organisation auch die so genannten ‚Bystander' im Fokus. Als Bystander werden jene Menschen bezeichnet, die von der sexualisierten Gewalt wissen oder ahnen, dass sie stattgefunden hat, aber nicht eingreifen (vgl. Banyard 2011). Smith und Freyd (2013) zufolge ist die Symptomdichte einer PTBS bei den Betroffenen höher, die ihr Widerfahrnis als institutionellen Verrat ansehen, als bei jenen, die nicht von institutionellem Verrat berichten.

2.2.3 Gesellschaftliche Denk- und Deutungsmuster als Ermöglichungsstruktur sexualisierter Gewalt

Bestimmte gesellschaftliche Bedingungen – also politische, wirtschaftliche und soziale Verhältnisse – stabilisieren das Phänomen sexualisierter Gewalt als Teil unseres Zusammenlebens. Diese Bedingungen stehen in einem reziproken Verhältnis zu einer kollektiv normierenden Kognition der Menschen in dieser Gesellschaft. Habituierte Denk- und Deutungsmuster verfestigen sich durch den Kontext, in den Menschen eingebettet sind und sozialisiert werden, und generieren wiederum Normalitäten und Konformitäten,[21] die den Status quo tradieren. In diesem Kapitel werden einige historisch entstandene – und daher oft subtile – strukturelle Denkmuster beleuchtet, die Bedingungen für die Akzeptanz, Normalisierung, Legitimierung, Tabuisierung und Negierung von sexualisierter Gewalt schaffen. Dies zeigt sich u. a. an den sozial und medial geprägten Bildern von Menschen, die sexualisierte Gewalt erleben mussten.

21 Die Begriffe Normalität und Konformität beschreiben hier zum einen die Selbstverständlichkeit, mit der die Deutungen sexualisierter Gewalt beständig überliefert werden, und zum anderen die große Zustimmung der Bevölkerung zu diesen Deutungen. Dies zeigt sich unter anderem an der geringe Diskursdichte hierzu in deutschen Massenmedien (vgl. Sanyal 2016: 119).

Bei anderen, nicht-betroffenen Menschen werden bei einer solchen Konfrontation mit Berichten sexualisierter Gewalt (unbewusst) sozial geprägte Kognitionen hinsichtlich der betroffenen Person, ihrer Reaktionen und der (Entstehungs-)Gründe für die Tat aktiviert. Oftmals erfolgt eine Zuschreibung von Mitverantwortung für Übergriffe (z. B. durch das Tragen bestimmter Kleidung oder ‚aufreizendes' Verhalten). Durch diese Vorurteile, die sich in Form von Sprache, Gewohnheiten und auch Abwehrreaktionen zeigen, wird sexualisierte Gewalt trivialisiert und bagatellisiert. Zusätzlich wird durch die scheinbar ‚normale' alltägliche Verwendung sexistischer Sprache und durch die Objektivierung von weiblich gelesenen Körpern das Relativieren bzw. Rechtfertigen sexualisierter Gewalt tradiert und sozialisiert (vgl. Wippermann 2019: 98 ff.). Auf diese Weise werden einerseits die Rechte und die Sicherheit potenziell Betroffener[22] missachtet und andererseits Täter*innen eine Grundlage zur Legitimation sexualisierter Übergriffe angeboten. Ein weiterer Aspekt ist die Wirkmacht von Stereotypen und hegemonialen Deutungsmustern, die durch einseitige (mediale) Repräsentationen und Narrative definieren, was als sexualisierte Gewalt ‚gelten darf' und was nicht (vgl. Sanyal 2016: 64).

Mit Verweis auf Estrich (1987) konstatiert Sanyal, dass „Vergewaltigung nur dann als solche dekodiert wird, wenn sie mit den vorgefassten Überzeugungen übereinstimmt, was eine ‚echte Vergewaltigung' ausmacht" (Sanyal 2016: 64). Der von Estrich eingeführte Begriff ‚real-rape' beschreibt ein dominantes, stereotypes Narrativ von Betroffenen sexualisierter Gewalt und dessen, was ihnen geschehen ist – sie sind demnach jung und ‚weiß', werden nachts von einem Fremden attackiert, motiviert durch dessen eigene sexuelle Befriedigung. Dieses Narrativ wird medial wiederholend kolportiert, obgleich etliche Studien existieren, die es widerlegen (z. B. Bows/Westmarland 2017; Araujo et al. 2019). Nichtsdestotrotz prägt das Narrativ das allgemeine Verständnis von ‚Vergewaltigung' und hat normative Bedeutung in dem Sinne, dass davon abweichende sexualisierte Gewalt nicht als solche markiert wird. Ein prägnantes Beispiel für eine solche Fehlinterpretation von sexualisierter Gewalt ist es, wenn sexualisierte Übergriffe gegenüber minderjährigen Jungen durch erwachsene Frauen nicht als solche, sondern als sexuelles Initiationserlebnis maskuliner Maturität beschrieben werden (vgl. Saimeh 2021: 20).

Betroffene werden zudem je nach Vorkommnis und anhand ihrer Reaktion auf das Erlebte als ‚richtige' und ‚falsche' Opfer dichotomisiert. Die ‚richtigen' Opfer sexualisierter Gewalt werden in diesen Deutungsmustern vornehmlich mit den Merkmalen jung, sexuell ‚begehrenswert', dem Täter unbekannt und wehrlos assoziiert (vgl. Bows/Westmarland 2017: 3). Demgegenüber werden ‚falsche' Opfer beispielsweise, weil sie gängige Schönheitsideale nicht erfüllen, zu alt sind, mit dem Täter verheiratet oder in einer Partnerschaft, nicht als

22 Insbesondere werden in diesem Zusammenhang die Rechte von nicht cis-männlichen Personen beschnitten.

solche wahrgenommen und anerkannt.[23] Hinzu kommt, dass mitunter auf diesem Schema basierend eine Umkehr des Täter*innen-Betroffenen-Verhältnisses stattfindet: Frauen wird aufgrund einer mangelnden Passung mit dem gängigen Narrativ keine Glaubwürdigkeit zugesprochen. Ihnen wird, wenn sie ihre Erfahrung sexualisierter Gewalt offenbaren, als Motiv unterstellt, sie wollten die übergriffigen Personen manipulativ diskreditieren. Insbesondere bei medial öffentlichkeitswirksamen Fällen ist eine solche Dynamik zu beobachten, wie etliche Debatten rund um die #MeToo-Bewegung zeigen. Dies hat auch den Effekt, dass Vorkommnisse seltener angezeigt werden, da Betroffene sich bewusst sind, dass sie die Strafverfolgungsbehörden davon überzeugen müssen, dass ihre Erlebnisse der Wahrheit entsprechen (vgl. Ruch 2011: 85; Treibel et al. 2017: 361 f.; Meyer et al. 2020: 80). Nachgewiesenermaßen werden Vorwürfe weniger ernst genommen und/oder halten vor Gericht nicht stand, wenn die Übergriffe nicht dem gängigen Stereotyp entsprechen (vgl. Brown et al. 2007; McMillan/Thomas 2009; Ellison/Munro 2009). Zudem werden solche Deutungen mitunter internalisiert und prägen dann den Verarbeitungsstil der von sexualisierter Gewalt betroffenen Personen. Diese erkennen ihrerseits das Erlebte nicht als solches an, da ihre Emotionen und Reaktionen nicht den Vorstellungen entsprechen, wie ‚ein richtiges Opfer zu sein hat'. Dies trifft insbesondere auf ältere Frauen zu, die der Tendenz nach sexistische und altersdiskriminierende Vorurteile bzw. Ideologien übernehmen, was zu einem geringeren Selbstbewusstsein und seltenerer Inanspruchnahme von Hilfe führen kann (vgl. Vierthal 2008; Lea et al. 2011). Auch unabhängig vom Alter führt die Internalisierung dominanter gesellschaftlicher Deutungsmuster von sexualisierter Gewalt nicht nur zum Ausbleiben einer Strafanzeige, sie hat auch zur Folge, dass keine unterstützenden Maßnahmen gesucht werden (vgl. Bows/Westmarland 2017: 3). Zudem kann es negative psychische Folgen u. a. aufgrund des mangelnden Kohärenzgefühls und der Verleumdung des eigenen Erlebens verursachen (vgl. Heynen 2015). Die Wahrnehmung und Bewertung von eigenen Erfahrungen sexualisierter Gewalt von heute alten Frauen sind stark durch Denk- und Deutungsmuster geprägt, die in der Zeit ihres Heranwachsens und weiteren Lebensverlaufs (1940er, -50er, -60er Jahre) üblich waren (siehe hierzu Helwig/Nickel 1993 und Kapitel 2.1.1). Sie wurden mit einem Verständnis und Umgangsformen sozialisiert, die heute in Bezug auf sexualisierte Gewalt als nicht mehr angemessen gelten. In einer Studie von Nobels et al. (2021) wurden 299 über 70 Jahre alte Frauen zu Erfahrungen sexualisierter Gewalt (über die gesamte Lebensspanne hinweg) befragt. 55,2 % von ihnen gaben an, mindestens einmal sexualisierte Gewalt erlebt zu haben.

23 Und so wundert es auch nicht, dass in einer Befragung von 302 Hausärzt*innen, die häufig im Kontakt mit pflegebedürftigen alten Frauen stehen, nur 7,2 % folgender Aussage zustimmen: „Ein Hausarzt solle pflegebedürftige Personen grundsätzlich daraufhin untersuchen, ob sie zum Opfer sexuellen Missbrauchs geworden sind, auch wenn es hierfür keine Anzeichen gibt" (Moser et al. 2022: 226).

Nach der Bewertung der Erlebnisse gefragt, stuften 47,6 % der interviewten Frauen diese als „just something that happens“ und 34,4 % als „wrong, but not a crime“ ein. 8,4 % der Befragten gaben an, dass sie eine Vergewaltigung erlebt hätten. Von ihnen bewerteten 28,1 % die Vergewaltigung als „just something that happens“ und weitere 28,1 % als „wrong, but not a crime“ (vgl. Nobels et al. 2021: 5 f.).

Es wurden hier nur kursorisch ausgewählte Muster patriarchaler Strukturen[24] als wirkmächtiges Bedingungsgefüge hinsichtlich der Begünstigung und Aufrechterhaltung von sexualisierter Gewalt angerissen; für eine ausführlichere Auseinandersetzung siehe Carter (2015). Welche Denk- und Deutungsmuster auf individuell-psychologischer Handlungsebene zum Tragen kommen und inwieweit diese reziprok mit gesamtgesellschaftlichen Strukturen sind, bedarf weiterhin einer vertiefenden Untersuchung mittels der Verschränkung von psychologischen und soziologischen Perspektiven, die hier nicht geleistet werden kann.

Es ist aber festzuhalten, dass sexualisierte Gewalt (1) nicht in historisch-kontextfreiem Raum stattfindet, dass sie (2) nicht nur durch deviantes Verhalten eines Individuums erklärt werden kann, sondern gesamtgesellschaftliche Deutungsmuster mit einbezogen werden müssen, dass (3) meist einseitige (mediale) Repräsentationen und Narrative kolportiert werden und sie (4) nicht in der privaten Sphäre verortet werden darf, da sonst das gesellschaftliche und politische Desinteresse weiter legitimiert würde

2.2.4 Sexualisierte Gewalt im deutschen Strafrecht

Um sich den komplexen gesellschaftlichen Begründungszusammenhängen weiter anzunähern, werden im Folgenden die deutschen Rechtsnormen in Bezug auf sexualisierte Gewalt – die „Straftaten gegen die sexuelle Selbstbestimmung“ (§§ 174–184 StGB) – betrachtet. Rechtsnormen sind das Produkt demokratischer Prozesse und somit ein Spiegel gesellschaftlicher Denk- und Deutungsmuster sowie ein relevanter definitorischer Ankerpunkt der (Be-) Wertung von sexualisierter Gewalt. Zugleich bestimmen Gesetze, wie mit sexualisierter Gewalt zu verfahren ist. Sie haben dementsprechend weitreichende Konsequenzen für die Betroffenen hinsichtlich der Aufarbeitung der Wider-

24 Eine patriarchale Gesellschaft räumt männlich gelesenen Menschen die vorderste Machtposition ein und fordert eine Unterordnung von nicht-männlich gelesenen Personen. Das Patriarchat bezieht die männliche Vorherrschaft sowohl auf die öffentliche als auch die private Sphäre und verstetigt durch verschiedene Praxen ihre Machtstellung immer wieder aufs Neue (vgl. u.a. Sultana 2012; Walby 1990). Neben der Strukturkategorie ‚Geschlecht‘ nutzt das Patriarchat weitere Differenzierungskategorien zur Machtherstellung, die sich intersektional überlagern können und mit ihren entsprechenden Diskriminierungsformen einhergehen („Herkunft/Ethnie/Hautfarbe – Rassismus“, „soziale Position – Klassismus“, „Behinderung – Ableismus“, „Alter – Ageismus“ etc.).

fahrnisse, wie bereits in Kapitel 2.2.2 beschrieben wurde. Sie können somit als offizielle Formulierungen der oben skizzierten Reziprozität von gesellschaftlichen Bedingungen und habituierten Denk- und Deutungsmustern verstanden werden. In Anbetracht der hier adressierten Personen ist es weiterhin erforderlich, auf die Historizität des deutschen Sexualstrafrechts einzugehen. So können Sozialisationskontexte, die durch die herrschenden gesellschaftlichen Rahmenbedingungen (mit-)bestimmt werden, auch weiterhin wirksam sein, selbst wenn beispielsweise Gesetzestexte bereits überholt sind.[25]

Der Straftatbestand der heutigen §§ 177 ff. StGB steht in der Tradition des Reichsstrafgesetzbuches (RStGB). Hier wurde ab 1871 im § 177 Abs. 1 RStGB „die Nötigung einer ‚Frauenperson‘ zur Duldung des außerehelichen Beischlafs durch Gewalt oder durch Drohung mit gegenwärtiger Gefahr für Leib oder Leben“ (Vavra 2020: 395) unter Strafe gestellt. Dementsprechend war sexualisierte Gewalt innerhalb der Ehe rechtmäßig. Als § 177 StGB 1973 die Norm des RStGB ablöste, blieb dieser inhaltlich nahezu unverändert und die Vergewaltigung innerhalb der Ehe wurde weiterhin nicht als Straftat erfasst. Erst 1997 konnte eine umfassende Reform erzielt werden, in der u. a. auch Vergewaltigung in der Ehe kriminalisiert wurde.[26] In diesem Zeitraum war die hier fokussierte Personengruppe bereits erwachsen und ggf. lange verheiratet. Die notwendige Reform des Sexualstrafrechts wurde maßgeblich durch die „Bewusstwerdungsprozesse und Auseinandersetzungen der ‚Neuen Frauenbewegung‘“ (Maurer 2018: 43) geprägt, die seit den 1970er Jahren den Kampf gegen sexualisierter Gewalt gegen Frauen als Kernthema definiert. Das feministische Gebot ‚Nein heißt Nein‘, welches durch Brownmillers Manifest „Gegen unseren Willen“ (1975) international zur feministischen Parole gegen sexuali-

25 Die Verankerung von gesellschaftlichen Strukturen in Gesetzen ist jedoch nur ein möglicher Herleitungs- und Reflexionsaspekt, an dem patriarchale Strukturen erläutert werden können. Zu beachten ist, dass es sich hierbei um den kleinsten gemeinsamen Nenner gesellschaftlicher Regelungen handelt und dass im Strafrecht einem Ultima-Ratio-Prinzip oder auch ‚Zweckmäßigkeitserwägungen‘ gefolgt wird. Deshalb sind ethische und juristische Argumentationslinien, insbesondere bei heiklen Themen wie der sexuellen Selbstbestimmung, klar voneinander abzugrenzen.

26 1997 erfuhren die Tatbestände der sexuellen Nötigung und der Vergewaltigung weitere weitreichende Änderungen. Der Tatbestand des § 177 StGB wurde geschlechtsneutral gefasst, so dass nun auch Männer Opfer von sexuellen Nötigungen und Vergewaltigungen werden konnten. Erweiterungen fanden sich auch bei den Tathandlungen: Während bisher nur die Nötigung mit Gewalt bzw. durch Drohung mit gegenwärtiger Gefahr für Leib oder Leben erfasst war, galt nun auch eine dritte Variante: die Nötigungen unter Ausnutzung einer Lage, in der das Opfer der Einwirkung des Täters schutzlos ausgeliefert war. Zudem wurde die Definition der Handlungen erweitert, die besonders schwerwiegende sexuelle Übergriffe darstellen: Neben dem ‚Beischlaf‘ (also der vaginalen Penetration durch das männliche Geschlechtsteil) wurden als besonders schwere Fälle nun grundsätzlich auch alle anderen Fälle erfasst, bei denen die Tathandlung mit einem Eindringen in den Körper verbunden war. Entsprechende Handlungen waren nun als ‚Vergewaltigung‘ zu bezeichnen, ebenso wie alle weiteren sexuellen Handlungen, die das Opfer besonders demütigen (vgl. Vavra 2020: 396 f.).

sierte Gewalt wurde, kann mit der Gesetzesnovellierung 1997 jedoch nur als unzureichend umgesetzt gelten. So stehen auch nach der Reform „lediglich diejenigen sexuellen Handlungen unter Strafe, die durch Gewalt oder durch Drohen mit Gefahr für Leib und Leben erzwungen wurden oder die unter Ausnutzung einer objektiv schutzlosen Lage“ (Ladenburger/Lörsch 2016: 42) stattfanden. Für die Einstufung als ‚Vergewaltigung' wird somit das Kriterium des aktiven Widerstands des Opfers vorausgesetzt. Dass wegen der restriktiven Formulierung der Tatbestandsmerkmale auch bei schweren Formen sexualisierter Gewalt de jure nicht von solcher ausgegangen werden konnte, wurde beispielsweise durch eine Studie mit 107 Fallanalysen von Grieger et al. (2014) aufgezeigt. Diese Rechtslage wurde vor allem von feministischer Seite weiterhin als veraltet und nicht menschenrechtskonform bewertet (vgl. Vavra 2020: 403), wobei trotz aller Kritik weitere Änderungen zu lange ausblieben. Erst nach der Unterzeichnung des „Übereinkommens des Europarats zur Verhütung und Bekämpfung von Gewalt gegen Frauen und häuslicher Gewalt“ (Istanbul-Konvention) im Jahr 2011 intensivierte sich die allgemein-gesellschaftliche Debatte um das sexuelle Selbstbestimmungsrecht wieder. Was seit 1997 von feministischer Seite kritisiert wurde, bestätigte sich nun völkerrechtlich: Die Istanbul-Konvention konnte nach ihrem Inkrafttreten 2014 nicht ratifiziert werden, weil das deutsche Strafrecht die durch sie vorgegebene völkerrechtliche Verpflichtung, nämlich alle nicht-einvernehmlichen Sexualkontakte unter Strafe zu stellen (vgl. Art. 36 Istanbul-Konvention), nicht erfüllte. Konkreter Anlass der notwendigen, aber sodann doch recht überstürzten Reform der §§ 177–179 StGB war schließlich die Skandalisierung rund um die sogenannte ‚Kölner Silvesternacht 2015/2016‘ (vgl. Vavra 2020: 17f.). Vavra konstatiert, dass die Bundesregierung sich gezwungen sah, schnell einen Gesetzesentwurf zu verabschieden, obwohl bis heute „Grundlagenfragen, die die Kriminalisierung nicht-einvernehmlicher Sexualkontakte betreffen […] weiterhin ungeklärt“ (Vavra 2020: 19) seien.

Seit der Reform des § 177 StGB gilt die sexuelle Selbstbestimmung von Menschen – zumindest auf dem Papier (vgl. Mattutat 2022: 72) – insofern als geschützt, als sexualisierte Gewalt bereits dort anfängt, wo kein Konsens vorliegt. Die Änderungen des § 177 StGB nahmen neben sexueller Nötigung und Vergewaltigung den Straftatbestand des sexuellen Übergriffs auf und änderten die Tatbestandsmerkmale grundlegend. Nunmehr kommt es „für die Strafbarkeit eines sexuellen Übergriffs […] allein auf den erkennbaren Willen an bzw. darauf, ob ein Wille aufgrund der Situation oder aufgrund des Zustands, in der sich die betroffene Person befunden hat, gebildet bzw. ausgedrückt werden konnte“ (bff 2017: 6).

Aber auch das reformierte Sexualstrafrecht wird weiterhin kritisch diskutiert (vgl. u.a. Heinemann 2021: 79). Obwohl die Reform unbestritten Verbesserungen mit sich brachte, hat sie beispielsweise kaum Einfluss darauf, dass weiterhin nur ein Bruchteil der sexualisierten Gewalttaten angezeigt wird und von einem großen Dunkelfeld auszugehen ist. Weiterhin führt auch die bereits als hoch anzusehende Zahl der angezeigten Fälle des Hellfeldes verhältnismäßig selten zu juristischen Konsequenzen, weil der Nachweis von sexualisierter Gewalt vor Gericht nach wie vor unverhältnismäßig schwer und belastend ist, da die Vorlage von Beweisen weiterhin der betroffenen Person obliegt.

Abschließend kann – mit Rückverweis auf das vorstehende Unterkapitel – festgehalten werden, dass auch die Akteur*innen innerhalb der legislativen Verwirklichung eines Gesetzes (u. a. Polizist*innen, Gutachter*innen, Anwält*innen und Richter*innen) den in Kapitel 2.2.4 beschriebenen Bedingungen unterworfen sind. Es kann – der Position Estrichs folgend – konstatiert werden, dass die Wirksamkeit gesetzlicher Änderungen von den kulturellen Bildern des Verbrechens abhängt (vgl. Sanyal 2016: 64). Die bloße Verrechtlichung ist keine Garantie gegenüber der Wirkungsmacht von Denk- und Verhaltensmustern, die gesellschaftlich und historisch verwurzelt sind und stetig reproduziert und tradiert werden.

2.3 Sexualisierte Gewalt im Kontext der Trias Betroffene – Täter*innen – Organisationen

Wie aufgezeigt wurde, ist sexualisierte Gewalt kein singuläres und isoliertes Geschehen, sondern oftmals eingebettet in gesellschaftliche Institutionen,[27] in denen Menschen mit unterschiedliche Machtquellen bzw. -potenzialen ausgestattet und dauerhaft in mehr oder weniger stabile Interaktions- und Abhängigkeitsbeziehungen eingebunden sind (vgl. Ferring/Willems 2014: 14). Dies trifft neben Familien insbesondere auf Organisationen[28] zu. Der von Wolff (2014: 99) vorgeschlagenen analytischen Perspektive folgend, die Dynamik von sexualisierter Gewalt jeweils in der Relationierung der Konstellation von Täter*innen, Betroffenen und Institutionen zu sehen und über eindimensionale „Opfer-Täter-Dichotomisierung“ (Hirsch 2016: 71) hinauszugehen, sollen im Folgenden die in dieser Trias situierten Risikobedingungen identifiziert und diskutiert werden. So bilden Heitmeyer zufolge Institutionen die „*Gelegen-*

27 Institutionen sind eine traditionsreiche Kategorie der Soziologie, zu der zahlreiche Definitionen vorliegen. Der Begriff steht im Zentrum der Auseinandersetzung mit der soziologischen Grundfrage nach Bedingungen und Möglichkeiten sozialer Ordnungen. Vor diesem Hintergrund lassen sich Institutionen als einzelne Situationen, übergeordnete soziale Muster oder Regelsysteme mit handlungsgenerierender Kraft fassen, die die Akteur*innen kognitiv orientieren, normativ anleiten und regulierend sanktionieren (vgl. u. a. Scott 2014: 55 ff.). Neben Organisationen werden etwa auch Familien, die Ehe oder die Beichte als Institution bezeichnet.

28 Organisationen in modernen Gesellschaften sind explizit hergestellte und formalisierte Formen menschlicher Kooperation (vgl. Gukenbiehl 2003: 152) sowie durch die auf Luhmann (1997: 826 ff.) zurückzuführenden konstitutiven Merkmale – Mitgliedschaft, Zweck, Hierarchie – bestimmt (ausführlicher zu den drei Merkmalen vgl. Kühl 2020: 15 ff.).

heitsstrukturen, gewissermaßen den Handlungsrahmen“ (2012: 24, Herv. i. O.) für Machtmissbrauch. Mit Blick auf die ‚Gelegenheit zum Handeln‘ in Organisationen stellen sich Fragen nach organisationalen Bedingungen, die gegebenenfalls sexualisierte Gewalt erleichtern sowie aufrechterhalten und damit begünstigen. Sexualisierte Gewalt wird aus dieser Perspektive nicht allein als Folge individueller Abweichung wahrgenommen, sondern verweist auch auf problematische organisationale Strukturen und Kulturen, die zur Herstellung von Risiken beitragen. Dies bedeutet nicht, die Verantwortung der Täter*innen zu relativieren, sondern zielt darauf ab, auch die Organisationen in die Pflicht zu nehmen. Organisationale Strukturen und Kulturen sollen im Folgenden mittels professions- und organisationstheoretischer Überlegungen in den Blick genommen werden, wobei den Schwerpunkt der Betrachtung durch Fachkräfte verübte sexualisierte Gewalt gegen Adressat*innen bildet – ein Phänomen, das auch mit dem Begriff ‚Professional Sexual Misconduct‘ (PSM) bezeichnet wird (vgl. Tschan 2014: 182). Diesbezüglich rücken zunächst soziale Organisationen[29] im Allgemeinen und anschließend die stationäre Altenhilfe im Besonderen als Ort sexualisierter Gewalt in den Fokus.

2.3.1 Sexualisierte Gewalt in sozialen Organisationen

Um die Situierung sexualisierter Gewalt in sozialen Organisationen sowohl einer Erklärung als auch Aufklärung zugänglicher zu machen, bedarf es – Utz (2011: 52) folgend – einer zweidimensionalen Analyse der Verhaltens- sowie der Gelegenheitsstrukturen, „die solche Verhaltensstrukturen im Vergleich zu anderen Handlungssituationen mit größerer Wahrscheinlichkeit ermöglich[en]“ (Utz 2011: 52). Dass Organisationen – und insbesondere geschlossene und/ oder stationäre Einrichtungen – gewaltfördernde Strukturen und Kulturen entwickeln können, zeigen exemplarisch die einschlägigen Überlegungen und Untersuchungen von Goffman (1973), Milgram (1982) und Zimbardo et al. (2005):

- Totale Institutionen: Goffman (1973) charakterisiert ‚Totale Institutionen‘ als soziale Gebilde, die sich durch einen allumfassenden oder totalen Charakter auszeichnen. Dieser Charakter wird durch eine Fusion alltagsweltlich getrennter Lebensbereiche bei gleichzeitiger dinglicher und sozialräumlicher Schließung ermöglicht. Damit finden alle Angelegenheiten des täglichen Lebens an derselben Stelle unter derselben Autorität sowie in unmittelbarer Gesellschaft einer Gruppe von ‚Schicksalsgenossen‘ statt

29 Unter dem Terminus der sozialen Organisation werden Organisationen gefasst, in denen organisierte Hilfe erbracht wird. Oftmals wird auch der Begriff der pädagogischen Organisation verwendet, der jedoch eine Fokussierung auf Erziehungs- und Bildungsprozesse impliziert. Zudem weist Böwer zu Recht darauf hin, dass im Diskurs um sexualisierte Gewalt „nicht selten mit der Vokabel der Institution operiert wird, wo Organisation(en) gemeint sind“ (2018: 407).

(vgl. Goffman 1973: 17). Der Alltag ist exakt geplant und durch ein System expliziter formaler Regeln vorgeschrieben, was der Erreichung der Institutionsziele dienen soll (vgl. Goffman 1973: 17). In der Institution stehen sich zwei – meist feindselige – Gruppen gegenüber, die ‚Insassen' und das Personal (vgl. Goffman 1973: 18). Während das Personal sozial in die Außenwelt integriert ist, verlieren die ‚Insassen' bei Institutionseintritt die wichtigsten Elemente, die ihnen bisher zur Aufrechterhaltung der eigenen Identität zur Verfügung standen (vgl. Goffman 1973: 29). Um sich vor völliger Vereinnahmung zu schützen, entwickeln sie Goffman zufolge (1973: 194) sekundäre Anpassungsstrategien und etablieren ein Unterleben jenseits der offiziellen Anstaltsregeln.

- Milgram-Experiment: Milgram (1982) verweist mit seinen Erkenntnissen aus dem sogenannten ‚Milgram-Experiment' darauf, dass Menschen auf Befehl einer legitimen Autoritätsperson bereit sind, nahezu alles zu tun, sich aber für solche gehorsamen Handlungen nicht verantwortlich fühlen. Versuchspersonen (‚Lehrer'), die glaubten, an einem Experiment über Erinnerungsvermögen und Lernfähigkeit mitzuwirken, erhielten die Anordnung, einer vorgeblichen Versuchsperson (‚Schüler') bei Fehlern elektrische Stöße zunehmender Stärke zu verabreichen (vgl. Milgram 1982: 19). Auf Zweifel oder Fragen der ‚Lehrer' während des Experiments reagierte der Versuchsleiter mit einer Reihe standardisierter Bemerkungen, die zur Fortführung des Experiments aufforderten (vgl. Milgram 1982: 20). Zwei Drittel der Versuchspersonen waren letztlich bereit, auf Anweisung einer (pseudo-)wissenschaftlichen Autorität einer ihnen unbekannten Person elektrische Stöße in lebensbedrohlicher Höhe zu verabreichen und damit im Widerspruch zu den eigenen moralischen Grundüberzeugungen zu handeln (vgl. Milgram 1982: 21 f.). Durch Veränderungen in der Versuchsanordnung gelang es Milgram (1982: 52 ff.) aufzuzeigen, dass die Gehorsamsbereitschaft abnimmt, wenn die Nähe zum Opfer oder die Distanz zum Versuchsleiter zunimmt.
- Stanford-Gefängnis-Experiment: Auch die Erkenntnisse von Zimbardo und Kollegen (2005) weisen darauf hin, dass Menschen unter bestimmten Bedingungen zu grausamem und gewalttätigem Verhalten neigen können. So wurden im Rahmen des sogenannten ‚Stanford-Gefängnis-Experiments'[30] freiwillige Versuchspersonen nach einem Losverfahren in zwei Gruppen – ‚Gefangene' und ‚Wärter' – eingeteilt. Die Gefangenen wurden nach ihrer Verhaftung vollständig entkleidet wie entlaust und bekamen Erkennungsnummern zugewiesen, die auf der Vorder- und Rückseite ihrer Kittel angebracht waren (vgl. Zimbardo et al. 2005: 8). Den ‚Wärter' wurde die Aufgabe zugeteilt, diese ‚Gefangenen' zu bewachen und für Gesetz und

30 Sowohl das Stanford-Gefängnis- als auch das Milgram-Experiment wird unter methodischen und ethischen Gesichtspunkten massiv kritisiert.

Ordnung zu sorgen. Bereits kurz nach Beginn des Experiments eskalierten Situationen, ‚Gefangene' zeigten extreme Stresssymptome, ‚Wärter' aggressives, sadistisches Verhalten (vgl. Zimbardo et al. 2005: 10). Damit gelang es Zimbardo und Kollegen aufzuzeigen, dass die Teilnehmenden durch die Übernahme der Rollen ihre Individualität verloren (Deindividuation) und ihre persönliche Verantwortung als Gruppenverantwortung deklarierten, hinter der sich jede einzelne Person verstecken konnte, ähnlich wie es bereits beim Milgram-Experiment festgestellt wurde.

Organisationen können demnach Orte des missachtenden, grenzverletzenden und gewaltsamen Umgangs mit ihnen anvertrauten Menschen sein. Die Grundlage für Gewalt im Allgemeinen und sexualisierte Gewalt im Besonderen bildet Machtmissbrauch[31] oder, in Utz Worten: Sexualisierte Gewalt ist „als Mittel des Missbrauchs ein Unterfall einer […] Verhaltensstruktur des Missbrauchs in pädagogischen Situationen" (2011: 54). ‚Missbrauch' bestimmt Utz (2011: 54 f.) als eine spezifische Form von Macht – als Missbrauchsmacht – und schließt damit an die Ausführungen zu Macht von Max Weber an. Weber definiert Macht als „die Chance, innerhalb einer sozialen Beziehung den eigenen Willen auch gegen Widerstreben durchzusetzen, gleichviel worauf diese Chance beruht" (1922: 28) und fasst Autorität sowie Autoritätsmissbrauch als Unterformen von Macht. Zur Bestimmung der Verhaltensstruktur überträgt Utz Webers Begriff der Autoritätsmacht auf den pädagogischen Kontext und untersucht den damit einhergehenden Charakter der Missbrauchsmacht bzw. des Machtmissbrauchs. Demnach verleihen soziale Organisationen den in ihrem Auftrag handelnden Personen auf Basis ihrer Qualifikation eine Amtsmacht gegenüber den Adressat*innen, mit der eine „eigentümliche[.] Chance der Willensdurchsetzung" (Utz 2011: 56) einhergeht, die darin besteht, dass ihr Handeln zunächst fraglos als legitim anerkannt wird (vgl. Utz 2011: 56). Der Legitimitätsglaube motiviert die Autoritätsadressat*innen zur freiwilligen Fügsamkeit, die die Träger*innen der Autoritätsmacht (aus-)nutzen können. Das Verhältnis von Macht, und mithin die Bewertung von Handlungen auf der Achse des Missbrauchs bzw. der Gewaltförmigkeit, nimmt in sozialen Organisationen besondere Gestalt an, da die Akteur*innen in einer per se asymmetrischen Arbeitsbeziehung – auf der einen Seite die ausgebildete Fachkraft und auf der anderen Seite die*der hilfesuchende Adressat*in – zueinander stehen. In Anschluss an Parsons' Idealtypik von Professionalität[32] verweist Utz

31 Die enge Verschränkung von Macht und Gewalt zeigt sich auch in der Sprache bzw. in der Geschichte des Gewaltbegriffs. So prägen seit dem Mittelalter die Verständnisse der Gewalt als *potestas* (im Sinne einer rechtmäßigen Verfügungsgewalt) und als *violentia* (im Sinne einer unrechtmäßigen Überwältigung oder Aneignung) den Wortgebrauch und verweisen auf die zuweilen verschwommene Grenze zwischen legitimer und illegitimer Gewalt (vgl. Koloma Beck/Schlichte 2020: 39).

32 In Rekurs auf das von Parsons (1991: 43) erarbeitete Schema dichotomer Orientierungsalternativen des Handelns (‚pattern variables') wird mit der professionellen Handlungslogik fol-

darauf, dass die Fachkräfte „bei Eintritt in die professionelle Sozialbeziehung über vergleichsweise weit reichende [sic!] Zu- und Eingriffschancen auf und in den Körper und/oder die Seele und/oder das Verhalten" (2011: 58) ihrer Adressat*innen verfügen, woraus „genuine[.] Intimisierungs-, Emotionalisierungs- und Sexualisierungschancen der Interaktionen" (2011: 57) resultieren. Missbrauchshandeln kann demnach als *„parasitäre De-Funktionalisierung"* (Utz 2011: 59, Herv. i. O.) der Fügsamkeitschancen institutionalisierter Autoritätsmacht sowie Zu- und Eingriffschancen professioneller Arbeitsbeziehungen bestimmt werden. Sexualisierte Gewalt als eine Unterform von Machtmissbrauch ist dann diejenige parasitäre De-Funktionalisierung von Autoritätsmacht auf Basis institutionell eröffneter Fügsamkeitsbereitschaft, die sich aus den Zu- und Eingriffsprivilegien auf Körper, Seele und Verhalten der Adressat*innen seitens der Fachkräfte heraus im Medium sexueller Handlungsweisen vollzieht (vgl. Utz 2011: 60).

Eine andere fruchtbare Analyse von Macht und Machtmissbrauch in sozialen Organisationen bietet die Untersuchung von Wolf (1999) über „Machtprozesse in der Heimerziehung" und seine Reflexionen in Anschluss an Elias, der Macht als eine „Struktureigentümlichkeit menschlicher Beziehungen – *aller* menschlichen Beziehungen" (Elias 2014: 85; Herv. i. O.) und damit als „allgegenwärtig" (Elias 2014: 107) fasst. Elias betrachtet Menschen im Geflecht ihrer gegenseitigen Beziehungen, „die sie kraft ihrer Angewiesenheit aufeinander, ihrer Abhängigkeit voneinander bilden" (Elias 2014: 81). Menschen sind demnach aufeinander angewiesen und voneinander abhängig. Interdependenzen sind daher konstitutiv für menschliche Beziehungen, deren integrales Element „[m]ehr oder weniger fluktuierende Machtbalancen bilden" (Elias 2014: 85). Macht entsteht Elias zufolge dann, wenn „wir mehr von anderen abhängen als sie von uns, mehr auf andere angewiesen sind als sie auf uns" (Elias 2014: 107). Jedes Bedürfnis, auf dessen mittelbare oder unmittelbare Befriedigung ein anderer Mensch Einfluss hat, kann damit Auslöser von Abhängigkeitsstrukturen sein, die sich auf den Bereich der Sexualität ausdehnen oder sich sogar besonders in ihm manifestieren. So ist es Wolf zufolge „offensichtlich, dass sexuelle Bedürfnisse asymmetrische Abhängigkeiten hervorbringen können. Sexualität neben emotionaler Zuwendung (und der Machtquelle körperliche Überlegenheit) als eigenständige Machtquelle zu betrachten, erscheint […] naheliegend" (Wolf 2016: 197). Dabei ist in Abhängigkeitsbeziehungen generell nicht von einer ausschließlich einseitigen Abhängigkeit einer machtunterlegenen gegenüber einer machtüberlegenen Person

gendes Muster verbunden: (1) Leistung statt Zuschreibung, (2) Universalismus statt Partikularismus, (3) Spezifität statt Diffusität, (4) affektive Neutralität statt Affektivität und (5) Kollektivitätsorientierung statt Selbstorientierung (vgl. exemplarisch Brunkhorst 1992: 53). Parsons selbst hat im Zuge der Entwicklung seines AGIL-Schemas das Gegensatzpaar ‚Kollektivorientierung vs. Selbstorientierung' gestrichen.

auszugehen, Machtbalancen sind in den Worten von Elias „wie alle Beziehungen, mindestens bipolare und meistens multipolare Phänomene“ (Elias 2014: 85). Das bedeutet, dass – selbst in Beziehungen mit ungleich verteilten Machtpotenzialen und damit sehr großem Machtdifferenzial – die Vorstellung, nur die machtunterlegene Person sei abhängig, unterkomplex ist. Die machtüberlegene ist zwar weniger abhängig als die machtunterlegene Person, ihr „ist aber auch nicht völlig gleichgültig, was der Andere denkt, fühlt oder tut“ (Wolf 2010: 546). So ist die mächtigere Person beispielsweise „auf ein Minimum an Kooperationsbereitschaft des Machtunterlegenen“ (Wolf 2010: 546) angewiesen. Mit dieser Betrachtungsweise soll nicht der Entlastung der Täter*innen von Verantwortung Vorschub geleistet werden. Vielmehr weist sie darauf hin, wie komplex und verwoben sich die Dynamik zwischen sexuell übergriffigen Fachkräften und betroffenen Adressat*innen gestalten kann. Diese theoretische Perspektive ermöglicht, Machtbeziehungen zu analysieren, wobei die Machtbalancen in kleinen Figurationen auch immer in den Zusammenhängen des sie umgebenden Interdependenzgeflechtes betrachtet werden müssen. Mit Blick auf soziale Organisationen ist generell davon auszugehen, dass die Machtpotenziale zwischen Fachkräften und Adressat*innen ungleich verteilt sind. So hat Wolf (1999) in einer qualitativen Studie sieben für die untersuchte Wohngruppe bedeutsame Machtquellen[33] identifiziert, die jedoch nicht unabhängig voneinander sind, sondern interdependent verschiedene Abhängigkeiten erzeugen oder abmildern. Damit gelingt es ihm empirisch zu belegen, dass die fremduntergebrachten Kinder in Bezug auf mehrere Machtquellen abhängiger von den Erzieher*innen sind als diese von ihnen.

In Anschluss an Elias (2014) ist alles, was der Befriedigung von Bedürfnissen oder der Vermeidung von Unbehagen dienen kann, eine potenzielle Machtquelle.[34] Damit ist das Spektrum möglicher Quellen sehr breit. Neben den von Wolf (1999) empirisch ausgearbeiteten Machtquellen für die Heimerziehung finden sich in der Literatur einige Systematisierungsversuche (z. B. Krumrey 1979: 199). Zemp (2002) hingegen verwendet in ihren Untersuchungen zu sexualisierter Gewalt gegen Menschen mit Behinderung eine Differenzierung von Staub-Bernasconi. So unterscheidet Staub-Bernasconi (2016: 411 f.) sechs Arten von Ressourcen eines Menschen, die zu Machtquellen werden können: (1) Körpermacht, (2) Ressourcenmacht, (3) Artikulationsmacht, (4) Definitions- oder Modellmacht, (5) Positionsmacht und (6)

33 (1) Materielle Leistungen und Versorgung, (2) Zuwendung und Zuwendungsentzug, (3) Sinnkonstruktion und Sinnentzug, (4) Orientierungsmittel, (5) körperliche Stärke, (6) gesellschaftliche Deutungsmuster und (7) die Machtquellen, die mit der Funktion der Heimerziehung als Teil des staatlichen Erziehungs- und Sanktionssystems zusammenhängen (vgl. Wolf 1999: 142 ff.).

34 In diesem Punkt besteht eine Übereinstimmung mit Webers Machtverständnis. Er verwendet in seiner einschlägigen Definition den Begriff der ‚Chancen‘.

Organisationsmacht. Werden diese Machtquellen von Fachkräften aus Eigennutz eingesetzt, handelt es sich um Machtmissbrauch.

Im Sinne einer zweidimensionalen Perspektive bedarf es Utz zufolge neben der Analyse der Verhaltensstrukturen einer Charakterisierung der Gelegenheitsstrukturen, sprich „derjenigen Situation oder institutionellen Konstellation von Situationselementen, die die Transformation professioneller Autoritätsmacht auf Basis institutionell eröffneter Fügsamkeitsbereitschaft in personalisierte Missbrauchsmacht begünstig[t]" (Utz 2011: 61). Die Bedeutsamkeit einer solchen Analyse zeigt sich auch bei Wolf, der in seiner Untersuchung herausarbeitet, dass neben den Wechselwirkungen mit Prozessen außerhalb der Figuration zwei weitere Faktoren einen starken Einfluss auf Machtbalancen haben: „Organisationsbedingungen und tiefe, biographisch begründete Sensibilisierungen" (2016: 201). Organisationsstrukturen beeinflussen demnach in „sehr filigraner Weise die Machtbalancen in einzelnen dyadischen Beziehungen und den größeren Geflechten" (Wolf 2016: 189).

Einen ersten Ansatzpunkt zur Analyse bieten die Merkmale dessen, was Goffman (1973) als ‚Totale Institutionen' beschrieben hat. Zwar handelt es sich hierbei um ein Konzept, das in den 1960er Jahren entwickelt wurde und auf seine Verwendbarkeit für heutige Strukturen hin empirisch zu prüfen wäre, jedoch weisen Ley und Ziegler (2012: 267 f.) zu Recht darauf hin, dass das Ausmaß sexualisierter Gewalt in unterschiedlichen pädagogischen Settings nicht gleich verteilt ist, sondern in bestimmten Kontexten besonders häufig auftritt. Gemeinsam haben diese Settings den im Goffman'schen Sinne vergleichsweise umfassenden Zugriff auf die dortigen Adressat*innen sowie eine nahezu vollständige Kontrolle über Zeit und Raum: Die Trennung von verschiedenen Lebenssphären – Essen, Schlafen, Arbeit, Freizeit, Unterstützung – ist aufgehoben, sie sind am selben Ort und unter einer Leitung organisiert. Demnach spricht viel dafür, bei einer organisationstheoretischen Untersuchung von Missbrauch bzw. Missbrauchsmacht die lebenssphärenübergreifenden Momente bzw. das „Totalitätsmoment" (Ley/Ziegler 2012: 269) in den jeweiligen sozialen Organisationen analytisch zu nutzen. Einen zweiten Anhaltspunkt bildet die Organisationsstruktur.[35] Zunächst verdeutlichen die beiden oben genannten Experimente von Milgram (1982) und Zimbardo et al.

35 In Anschluss an Kühl (2020: 84 f.) und seine systemtheoretisch geprägte Perspektive auf Organisationen sind Organisationsstrukturen als Entscheidungen zu verstehen, die als Prämissen für andere Entscheidungen in der Organisation dienen und in Bezug auf die Mitgliedschaft als formale Bedingung formuliert werden können (‚entschiedene Entscheidungsprämissen'). Dabei unterscheidet er drei grundlegend unterschiedliche Typen von formalen Strukturen: Entscheidungsprogramme, Kommunikationswege und Personal (vgl. Kühl 2020: 89). Dem stehen informale Erwartungen gegenüber, die nicht in Bezug auf die Mitgliedschaftsbedingungen formuliert werden (oder werden können). Diese ‚nicht entschiedenen Entscheidungsprämissen' bilden Kühl (2020: 103) zufolge die informalen Strukturen – auch Organisationskultur genannt. Formale und informale Strukturen einer Organisation stehen in enger Beziehung zueinander.

(2005), dass autoritäre Strukturen die Ausübung von Gewalt und damit auch sexualisierter Gewalt begünstigen. Folglich bergen auf der einen Seite besonders ‚überstrukturierte Einrichtungen' mit rigiden Strukturen und autoritärem Leitungsstil die Gefahr, potenziellen Täter*innen ihre Taten zu erleichtern (vgl. Conen 2002: 198). Solche Organisationen sind durch eine starre Hierarchie und umfassende Machtkonzentration auf der Leitungsebene gekennzeichnet, die Entscheidungen anhand von intransparenten Kriterien ‚top-down' trifft, ohne fachliche Einmischungen und kritische Anmerkungen seitens der Mitarbeitenden (vgl. Bundschuh 2010: 50). Wo partizipative Strukturen und kollegiale Reflexivität nur schwach ausgeprägt sind, fehlt ein konstruktiver Austausch über Fehler, was die Aufdeckung und Offenlegung von Verdachtsmomenten erschwert. Als Mittel der Mitarbeiter*innenführung werden Anweisungen und Anordnungen, aber auch Kritik und Fehlersuche bevorzugt, so dass eine Atmosphäre des Misstrauens und der Geringschätzung herrscht (vgl. Conen 2005: 801). Für Täter*innen birgt dies die Chance, eigene Machtquellen mit weitreichender Wirkung zu erschließen. So decken sie zunächst wohlwollend Fehler der Kolleg*innen und sichern sich damit deren Loyalität, die sie zum späteren Zeitpunkt einfordern (vgl. Bundschuh 2010: 51). Auf der anderen Seite bieten ‚unterstrukturierte Einrichtungen'[36] mit unklaren Strukturen und schwacher Leitung tatbegünstigende Bedingungen (vgl. Conen 2002: 200). So zeichnen sich Organisationen ohne klaren Leitungsstil durch ein Leitungsvakuum aus, das mit einem Mangel an verbindlichen Regeln und gemeinsamen Konzepten einhergeht (vgl. Bundschuh 2010: 51). Es gibt wenig klare Zuständigkeiten und Verantwortlichkeiten, um nichtöffentliche Leitungspositionen werden verdeckte Konkurrenzkämpfe geführt (vgl. Conen 2002: 200). Den Fachkräften fehlt sowohl anerkennende als auch kritische Rückmeldung und Kontrolle, was Conen (2005: 804) zufolge eine destruktive Nutzung von Freiräumen begünstigt. Potenzielle Täter*innen finden damit ein Vakuum orientierungsgebender Instanzen vor, was grenzverletzendes Verhalten erleichtert. Damit werden in beiden Fällen – sowohl in den über- als auch in den unterstrukturierten Einrichtungen – Entscheidungen nicht anhand von professionellen Standards getroffen und die praktische Arbeit wird nur wenig reflektiert. Den Mitarbeitenden mangelt es an fachlicher Orientierung wie auch wertschätzender Unterstützung. Folglich erschweren solche problematischen

36 Conens Unterscheidung dieser beiden „‚Strukturtypen' von Einrichtungen" (2002: 198; ähnlich auch Enders 2012: 132 ff.) resultiert aus Beobachtungen in ihrer Tätigkeit als Supervisorin und gilt als empirisch nicht abgesichert, ruft jedoch regelmäßig Zustimmung hervor (vgl. Bundschuh 2010: 50). Zudem beziehen sich ihre Beobachtungen in erster Linie auf stationäre Einrichtungen für Kinder und Jugendliche, lassen sich aber auch auf andere stationäre Einrichtungen organisierter Hilfe beziehen (vgl. auch Römisch 2016: 108).

organisationalen Strukturen und Kulturen Aufdeckungs- und Offenlegungsprozesse (Disclosure[37]), was Täter*innen für sich zu nutzen wissen.

Abschließend lässt sich festhalten: Bei sexualisierter Gewalt in Organisationen handelt es sich nie um ein singuläres Geschehen, das sich lediglich zwischen Täter*in und Betroffene*r abspielt, sondern immer um ein „komplexes Bedingungsgefüge“ (Kolshorn 2018: 138). Die Gelegenheitsstrukturen sind so vielfältig wie die Organisationen selbst und das hierin situierte Risiko sexualisierter Gewalt kann nicht auf einzelne Risikofaktoren reduziert werden. Utz (2011: 72) zufolge entsteht eine Wechselwirkung zwischen der Konstellation von Strukturelementen der Organisation und Strukturelementen institutionalisierter Autoritätsmacht. Es etabliert sich eine Arbeitsbeziehung mit adressat*innenseitiger Fügsamkeitsbereitschaft und weitreichenden Zu- und Eingriffschancen seitens der professionellen Fachkräfte, und zwar unter der Voraussetzung der jeweiligen organisationalen Gelegenheitsstrukturen. In Einrichtungen der stationären Altenhilfe, wo Menschen leben, die besonderen Schutz benötigen und deren Unterstützungsbedarf aufgrund körperlicher, kognitiver und/oder psychischer Beeinträchtigungen oder aufgrund des fortgeschrittenen Abbaus körperlicher Kräfte unter Umständen erheblich ist, steigert und erhöht sich die institutionelle Fügsamkeitsbereitschaft und die professionelle Zugriffsmöglichkeit auf Körper, Seele und Verhalten. In keinem anderen Handlungsfeld sind Intimität und Verletzlichkeit so öffentlich und zugänglich. Insbesondere die Körperpflege stellt eine Nähesituation her, die intimste und persönlichste Bereiche eines Menschen betrifft (vgl. Bohn 2016: 91). Vor diesem Hintergrund wird das folgende Unterkapitel einige Besonderheiten der stationären Altenhilfe als Ort sexualisierter Gewalt herausarbeiten.

2.3.2 Sexualisierte Gewalt in Organisationen der stationären Altenhilfe

Auch in Einrichtungen der stationären Altenhilfe handelt es sich im Fall von sexualisierter Gewalt nicht um ein „abgeschlossenes, isoliertes und eindimensionales Geschehen“ (Wolff 2014: 99), sondern um das „Zusammenwirken zwischen personengebundenen, organisationsbezogenen und systembezogenen Faktoren“ (Wolff 2014: 101). Gleichwohl sich – Wichers (2018: 506) folgend – verschiedene Konstellationen identifizieren lassen (Übergriffe von Pflegenden auf Pflegebedürftige, von Pflegebedürftigen auf andere Pflegebedürftige, von Pflegebedürftigen auf Pflegende, von Pflegenden auf Pflegende sowie von Angehörigen auf Pflegebedürftige oder Pflegende), stehen Übergriffe durch

37 „Disclosure bezeichnet Prozesse des Erinnerns, Einordnens und Offenlegens von sexualisierter Gewalt durch Betroffene selbst, deren privates Umfeld und/oder professionell eingebundene Akteure“ (Rieske et al. 2018: 700).

Fachkräfte auf zu betreuende Bewohnerinnen im Fokus der hier vorgenommenen Betrachtung. Dies schließt pflegendes, aber auch nicht pflegendes Personal, wie z. B. Mitarbeitende im Sozialen Dienst, ein.

Die Besonderheiten der stationären Altenhilfe werden exemplarisch in den Überlegungen von Bohn (2016) zu den Dimensionen von Macht und Beschämung deutlich. Sie überträgt Webers Machtbegriff auf die stationäre Altenhilfe und diskutiert verschiedene Beschämungsakte, die sich aus der unvermeidbaren, alltäglichen Verletzungsoffenheit der pflegebedürftigen Bewohner*innen ergeben können. So greift insbesondere die Körperpflege zwangsläufig in die körperliche wie auch emotionale Privat- und Intimsphäre eines Menschen ein, erfordert unausweichlich Nähe und drückt gleichzeitig ein Gefälle in Bezug auf Nacktheit und Entblößung aus (vgl. Bohn 2016: 95 ff.). Solche Situationen lassen sich mit Tschan als „Hochrisikobereiche für fachliches Fehlverhalten" (2014: 181) kennzeichnen, das Beschämung und Würdeverletzungen verursachen kann. Scham kann eine kaum mit anderen Gefühlen vergleichbare Intensität annehmen und den Wunsch wecken, sich zu verstecken oder aufzulösen, um der beschämenden Situation zu entkommen (vgl. Bohn 2016: 95 f.). Damit einher geht die Gefahr, dass eine pflege- und hilfebedürftige Person eine generelle Schamangst entwickelt, so dass sie sich, um dem Beschämungsakt zu entgehen, besonders konform verhält (vgl. Bohn 2016: 95). Eine solche Verhaltensweise befeuert wiederum das Ohnmachtsgefühl und bestärkt die Machtposition des Gegenübers weiter. Darüber hinaus ist es Landwehr (1999: 86) zufolge ein Merkmal des Älterwerdens, dass sich Schaminhalte und die Intensität des Schamgefühls erhöhen, da das Schamgefühl als „eine Reaktion auf das scheiternde Verhältnis des Individuums zu seinem idealen Selbstbild" (Schäfer/Thompson 2009: 9) verstanden werden kann. Das Selbstverhältnis des leiblichen Subjekts gilt als eine der drei zentralen Bezugsgrößen in den Analysen von Scham – neben der Normativität und der (potenziellen) Blicke der Scham-Zeugen (vgl. Magyar-Haas 2012: 196). So schämt man sich „vor (imaginierten) Anderen bei der Verletzung einer von der Gesellschaft an das Selbst herangetragenen und vom Selbst anerkannten Norm" (Magyar-Haas 2012: 202). Fortschreitendes Alter und zunehmende Pflegebedürftigkeit vermitteln das Gefühl, dem normativ geprägten Selbstbild nicht mehr zu genügen.[38] Während Scham der Regulation des Selbst in gesellschaftlichen Kontexten dient und damit die eigene Integrität und Fragilität schützt, erweist sich Beschämung – beispielsweise „durch die Zuweisung eines Objekt-Status" oder „durch die Zur-Schaustellung des Ausgeliefertseins vonseiten des Anderen" (Magyar-Haas 2012: 202) – als die bewusste oder auch unreflektierte Verletzung der Grenzen des Selbst und damit als genuin zerstörerisch (vgl. Magyar-Haas 2012: 202). Dies zeigt deutlich, welcher Sensibilität

38 In Anschluss an Magyar-Haas (2012: 206) wäre es analytisch ertragreich nicht Scham, sondern die dahinterliegende Norm zu hinterfragen.

eine Pflegesituation bedarf, um Schamgefühle und Intimitätsgrenzen pflegebedürftiger Menschen zu achten. Zudem wird klar, dass Beschämung als Machtmittel und damit als missbräuchliche Vergrößerung des Machtdifferenzials verstanden werden kann. Hieraus erklärt sich auch, warum von (sexualisierter) Gewalt Betroffene oftmals schweigen.

Neben den Pflegesituationen sind Einrichtungen der stationären Altenhilfe in vielen weiteren Aspekten lebenssphärenübergreifend, so dass sie das von Ley und Ziegler herausgestellte „Totalitätsmoment“ (Ley/Ziegler 2012: 269) kennzeichnet. Heinzelmann (2004) kommt jedoch in einer Untersuchung zweier verschiedener Einrichtungen zu dem Schluss, dass auf diese die Merkmale einer klassischen ‚Totalen Institution‘ lediglich zum Teil und meist nur in abgeschwächter Form zutreffen. So verweist er beispielsweise darauf, dass sich stationäre Einrichtungen der Altenhilfe mit Blick auf ihre Organisationsziele von ‚Totalen Institutionen‘ im Goffman'schen Sinne erheblich unterscheiden (vgl. Heinzelmann 2004: 223). Hingegen trifft das zentrale Merkmal, dass alle Phasen des Tagesablaufes an einem Ort stattfinden, auf die untersuchten Einrichtungen weitestgehend zu, wobei ein entscheidender Unterschied in der Regelung des Zugangs liegt (vgl. Heinzelmann 2004: 227). Eine grundsätzliche Übereinstimmung der untersuchten Einrichtungen mit ‚Totalen Institutionen‘ findet sich auch in der Strukturierung des Tagesablaufs. „So gliedert sich der Tag im Heim durch feststehende Zeitpunkte, die vornehmlich an den Zwängen der Organisation bzw. den Bedürfnissen des Personals orientiert sind“ (Heinzelmann 2004: 229). Gleichzeitig verfügen die Bewohner*innen über relativ viel Zeit zur individuellen Gestaltung. Vor dem Hintergrund seiner Untersuchung schlägt Heinzelmann daher die Einführung des Begriffs der „Pseudo-Totalen Institution“ (Heinzelmann 2004: 242) vor. Charakteristisch für derartige Einrichtungen ist ihm zufolge, dass sie ihrem Erscheinungsbild nach wie ‚Totale Institutionen‘ des traditionellen Modells wirken, sie es ihren Auswirkungen auf den Lebensalltag nach im Wesentlichen aber nicht sind, wenngleich das Verhalten der Bewohner*innen dem von Menschen in ‚Totalen Institutionen‘ oft stark ähnelt. Im Unterschied zu diesen sind die Gründe dafür allerdings weniger in formellen und informellen Einengungen der Einrichtungen sowie im restriktiven und kontrollierenden Verhalten des Personals zu finden, sie liegen vielmehr in der speziellen Lebenssituation der älteren Menschen (vgl. Heinzelmann 2004: 233). In den untersuchten Einrichtungen werden beispielsweise die festgestellten Handlungsspielräume vielfach nicht genutzt, weil die physische und psychische Verfassung der Bewohner*innen dies einschränkt.

Abschließend ist festzuhalten, dass auch Goffmans Merkmal der Trennung in Personal und Bewohner*innen auf Einrichtungen der stationären Altenhilfe zutrifft. Kühl zufolge stellt das Personal ein Typ von formalen Strukturen bzw. Entscheidungsprämissen dar (vgl. Kühl 2020: 94). Diese Einstufung von Personal als Strukturen der Organisation basiert auf der Überlegung, dass es für künftige organisationale Entscheidungen einen Unterschied macht, mit welcher Person eine Position besetzt wird (vgl. Kühl 2020: 90). Im vorangegangenen Kapitel 2.1.2 wurde bereits auf die Diversität der beruflichen Qualifikationen, den Ressourcendruck und den Fachkräftemangel hingewiesen – zusammengenommen sind dies Aspekte, die sich im komplexen Zusammenspiel personengebundener, organisationsbezogener und systembezogener Faktoren nicht risikominimierend auswirken.

3 Bestandsaufnahme des aktuellen Forschungsstandes

Der Diskurs zu sexualisierter Gewalt gegen Bewohnerinnen der stationären Altenhilfe wurde im vorangegangenen Kapitel mit Blick auf das Handlungsfeld, die Adressatinnen, zentrale Begriffsverständnisse sowie die Einbettung in gesellschaftliche Institutionen theoretisch kontextualisiert. Das folgende Kapitel widmet sich der Bestandsaufnahme der (sozial-)wissenschaftlichen Forschungserkenntnisse, die zum Thema sexualisierte Gewalt gegen Bewohnerinnen der stationären Altenhilfe vorliegen, um dieses Phänomen als ein für die Soziale Arbeit relevantes soziales Problem zu identifizieren sowie Forschungs- und Handlungsdesiderate aufzuzeigen.

3.1 Methode und Prozess der Literaturanalyse

Für die vorliegende Veröffentlichung wurde ein Scoping Review in Anlehnung an das von Arksey und O'Malley (2005) vorgeschlagene fünfschrittige Verfahren durchgeführt, um hierdurch die existierende deutsch- und englischsprachige Fachliteratur zu kompilieren. Zunächst wird im Sinne der Transparenz, Reproduzierbarkeit und intersubjektiven Nachvollziehbarkeit die methodische Vorgehensweise dargelegt, bevor in zwei weiteren Unterkapiteln die Ergebnisse überblicksartig dargestellt sowie kritisch diskutiert werden.

3.1.1 Scoping Review

Ziel der Analyse ist es herauszuarbeiten, was über das Phänomen sexualisierter Gewalt in der stationären Altenhilfe gegen die dort lebenden Frauen aus (sozial-)wissenschaftlicher Perspektive bisher bekannt ist und welche Schlussfolgerungen sich daraus für die Soziale Arbeit ziehen lassen. Dieses Erkenntnisinteresse erfordert eine umfassende Literaturrecherche zu vorliegenden sowohl empirischen als auch literaturanalytischen Untersuchungen sowie eine inhaltliche Analyse der Ergebnisse.

Ein Scoping Review bietet sich grundsätzlich an, um zunächst den Stand der Forschungsliteratur überblicksartig darzulegen, Themen abzugrenzen sowie Problemaufrisse anzubieten. Im Gegensatz zur systematischen Literaturrecherche, die sich i. d. R. auf konkrete Forschungsdesigns beschränkt und darauf ausgerichtet ist, zielgerichtete Informationen über Ursache und Wirkung bestimmter Zusammenhänge ausfindig zu machen, bieten Scoping Reviews die

Möglichkeit, Untersuchungen unterschiedlicher Art zu berücksichtigen, und erlauben eine offenere Fragestellung (vgl. Arksey/O'Malley 2005: 30). Auf eine explizite Qualitätsanalyse der Studien wird beim Scoping Review verzichtet. Es ist jedoch eine geeignete Methode, bisherige Forschungsergebnisse zu bündeln und Forschungsdesiderate aufzuzeigen, um hieraus Empfehlungen für künftige Untersuchungen und die Praxis abzuleiten (vgl. Munn et al. 2018: 2). Beide Methoden – sowohl das Scoping Review als auch die systematische Literaturrecherche – weisen im Forschungsprozess zahlreiche Überschneidungen auf (vgl. Arksey/O'Malley 2005: 30). Die von Arksey und O'Malley (2005) für das Scoping Review vorgeschlagenen fünf Schritte sind: Formulierung der Forschungsfrage(n), Literatursuche, Auswahl relevanter Studien, überblicksartige Auswertung der Ergebnisse und Ergebnisbericht. Zusätzlich zur Darstellung der gebündelten Ergebnisse werden hier Vulnerabilitäts- und Risikofaktoren sowie eine (würdigende) Kritik des Forschungsstands diskutiert.

Für das hier durchgeführte Scoping Review war folgende Forschungsfrage leitend: Inwiefern wurde das Phänomen sexualisierte Gewalt gegen Bewohnerinnen stationärer Altenhilfeeinrichtungen aus (sozial-)wissenschaftlicher Perspektive bisher beforscht?

Die inhaltlichen Einschlusskriterien bestehen der Fragestellung entsprechend darin, dass (1) sexualisierte Gewalt in der stationären Altenhilfe untersucht oder beleuchtet wird, (2) es sich bei den betroffenen Personen um Bewohner*innen der Einrichtung handelt, und (3) dabei Frauen zu einem dezidierten Anteil erwogen wurden. Studien, die sich nicht ausschließlich im stationären Setting bewegen, wurden inkludiert, wenn hierzu Daten erhoben und explizite Aussagen gemacht wurden (beispielsweise im Vergleich zu anderen Settings).

Als formales Einschlusskriterium wurde die Bedingung formuliert, dass es sich um einen deutsch- oder englischsprachigen, peer-reviewten Fachbeitrag handelt. Sowohl empirische als auch literaturanalytische Beiträge wurden einbezogen, wenn eine explizite Untersuchungsmethode angegeben wurde. Es wurden keine Einschränkungen hinsichtlich des Forschungsdesigns (qualitativ, quantitativ, Mixed-Methods), der Qualität oder des Forschungszeitraums gemacht. Eine nationale Beschränkung[39] wurde nicht festgelegt, insbesondere, weil die Forschung im deutschen Sprachraum bisher marginal ist, sodass hieraus wenig Erkenntnisgewinn abgeleitet werden kann.

39 Einige empirische Forschungsergebnisse – wie beispielsweise soziodemografische Daten – sind nicht länderunabhängig, da diese eng gekoppelt sind an die jeweiligen lokalen Bedingungen. Gleichwohl gehen die Autorinnen davon aus, dass bestimmte Aspekte – wie Machtdynamiken in (professionellen) Pflegebeziehungen und die Ätiologie sexualisierter Gewalt – unabhängig von nationalen und lokalen Bedingungen übertragbar sind.

Für die Untersuchung wurden die fünf Datenbanken[40] ‚PubMed‘, ‚JSTOR‘, ‚SAGEjournals‘, ‚Francis&Taylor‘ sowie ‚Google Scholar‘ konsultiert und die Stichworte ‚sexualisierte Gewalt‘, ‚sexuelle Gewalt‘, ‚sexueller Missbrauch‘, ‚Vergewaltigung‘ in verschiedenen Kombinationen mit ‚Altenpflege‘, ‚Altenheim‘, ‚Pflege‘, ‚Pflegeheim‘ wie auch ‚ältere Menschen‘, ‚ältere Menschen/ Personen‘ und ‚Seniorinnen‘ sowie ‚Gerontologie‘ und ‚Geriatrie‘ verwendet. Eine analoge Suche wurde mit den äquivalenten englischen Begriffen ‚sexual abuse‘, ‚sexual violence‘, ‚sexual assault‘, ‚rape‘, ‚nursing home‘, ‚long-term care‘ sowie ‚elderly‘, ‚older adults‘ und ‚seniors‘ sowie ‚gerontology‘ und ‚geriatric‘ vorgenommen. Nach Abzug der Duplikate (n=121) wurden die gefundenen Artikel (n=131) anhand des Titels und des Abstracts vorsortiert sowie anschließend nach Untersuchungsdesign geordnet. Da unterschiedliche Auswertungen für empirische Untersuchungen und theoretische Literaturanalysen notwendig sind, wurden diese entsprechend separiert und in eigenen Unterkapiteln behandelt. In einer manuellen Suche wurde zudem eine dezidierte Recherche innerhalb der wichtigsten Journals (‚Journal of Elder Abuse and Neglect‘; ‚Nursing Research and Practice‘; ‚The Gerontologist‘) durchgeführt. Zusätzlich wurden anhand der Literaturverzeichnisse der einschlägigen Beiträge im sogenannten ‚Schneeballverfahren‘ weitere Artikel aufgetan. Hierdurch wurden insgesamt 9 zusätzliche Publikationen erfasst. Abschließend wurden alle erfassten Beiträge anhand der Volltexte bewertet und diejenigen exkludiert, die nicht den Selektionskriterien entsprachen.

40 Diesbezüglich weisen Arksey und O'Malley auf einen wichtigen Aspekt hinsichtlich nationaler Vorrangstellung in der Wissenschaft und der Gefahr von dadurch entstehenden Lücken hin: „Although most databases contain a proportion of British journals, they all tend to have a Western and particularly US bias“ (Arksey/O'Malley 2005: 25). Eine zusätzlich vertiefende Suche außerhalb der westlich geprägten Forschung und Datenbanken wäre wünschenswert, ebenso wie eine Ausweitung der Recherche auf weitere Sprachen. Beide Aspekte konnten aufgrund mangelnder zeitlicher und sprachlicher Ressourcen der Forscherinnen in der vorliegenden Untersuchung nicht geleistet werden. Diese Limitationen offenzulegen, dient nicht nur der Transparenz, sondern kann auch als Aufforderung für zukünftige Forschungsanliegen gelesen werden.

Abb. 1: Flussdiagramm der Literaturrecherche (Quelle: eigene Darstellung)

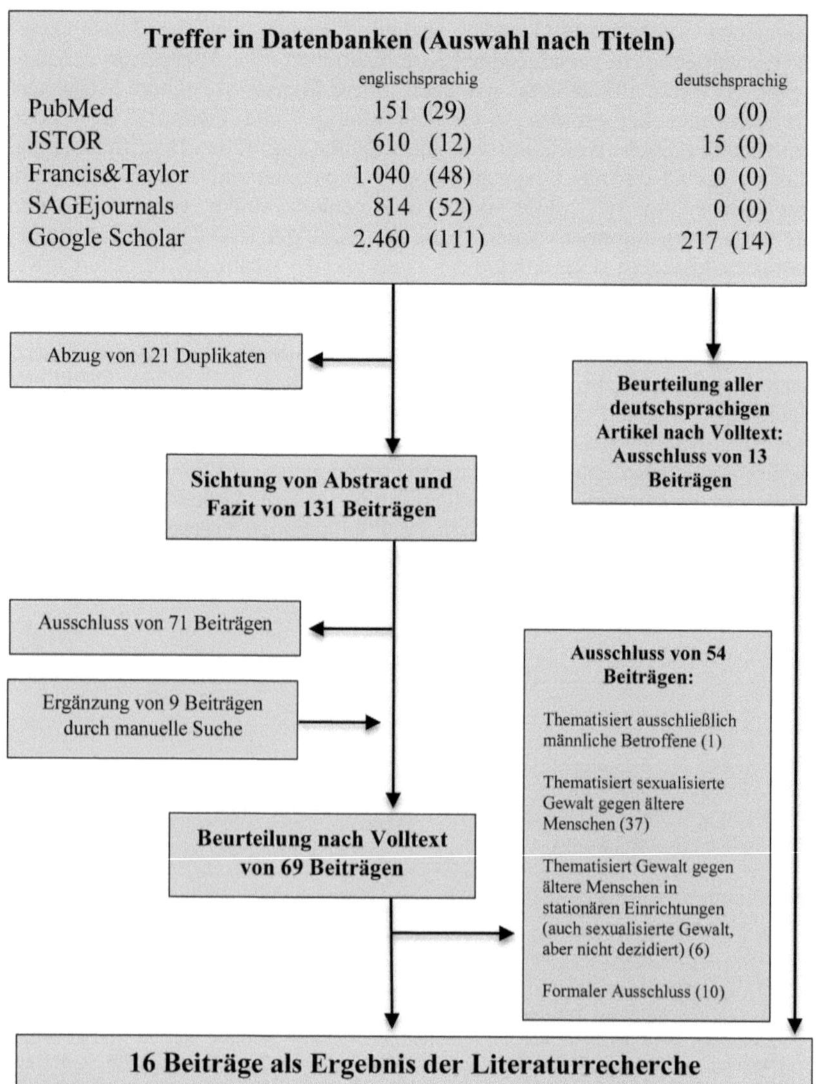

3.1.2 Formale Beschreibung des Datenkorpus

Durch die Literaturrecherche konnten 16 Beiträge ausfindig gemacht werden, die das Phänomen sexualisierter Gewalt gegen ältere Frauen, die in Einrichtungen der stationären Altenhilfe leben, untersuchen. Hiervon basieren 13 Beiträge auf empirischen Daten, bei drei handelt es sich um literaturanalytische Arbeiten. Von den zwischen 2000 und 2022 veröffentlichten Beiträgen stammt der überwiegende Anteil aus den USA (n=10), hinzu kommen Beiträge aus Australien (n=2), Norwegen (n=3) sowie aus Deutschland (n=1). Zusätzlich sind Daten zu dem Themenfeld aus Israel, Dänemark und Belgien bekannt. So gibt es zahlreiche weitere Beiträge, die sich zwar nicht ausschließlich mit dem Thema befassen, aber vereinzelt Daten und Aussagen hierzu enthalten. Es handelt sich hierbei um Artikel, die entweder Gewalt gegen ältere Menschen in stationären Altenhilfeeinrichtungen untersuchen und hierbei sexualisierte Gewalt als Kategorie explizit ausweisen (u. a. Castle 2012; Yon 2018; Botngård et al. 2020; Nobels et al. 2020; Nobels et al. 2021), oder um Artikel, die sexualisierte Gewalt gegen ältere Personen (z. T. explizit Frauen) untersuchen und dabei auch das Setting der stationären Altenhilfe in den Blick nehmen (u. a. Görgen et al. 2005 und 2006; Fileborn 2017). Diese Artikel wurden jedoch ausgeschlossen, da sie nur vereinzelte Hinweise zum hier untersuchten Thema enthalten.

Bei 15 weiteren Beiträgen,[41] die sich explizit mit dem Thema befassen, handelt es sich zwar um wissenschaftliche Veröffentlichungen in Zeitschriften, Sammelbänden oder anderen Publikationsorganen, jedoch ohne Angabe der verwendeten Untersuchungsmethode. Sie wurden dementsprechend aus der Analyse exkludiert, wenngleich ihre Inhalte zum Teil – insbesondere bei der Erschließung des Forschungsinteresses in Deutschland in Kapitel 3.2.1 – Berücksichtigung finden.

Bei den 13 empirischen, im Scoping Review eingeschlossenen Untersuchungen handelt es sich vorwiegend um retrospektive Fallanalysen. Burgess et al. (2000a und 2000b) untersuchten umfangreiche Fallakten, die sowohl polizeiliches, forensisches als auch gerichtliches Material enthalten, mit dem Ziel, erste Daten zum Profil von Opfern und Täter*innen von Fällen sexualisierter Gewalt in Altenpflegeeinrichtungen zu generieren. Teaster und Kolleg*innen begannen zur selben Zeit eine Forschungsinitiative, die sich mit der Analyse bestätigter Fälle anhand der Fallakten des Adult Protective Service (APS)[42]

41 Capetuzi et al. 2000; Hawks 2006; Bäslack 2006; Clark/Fileborn 2011; Bäslack 2014; Bäslack 2015; Malmedal et al. 2016; Alon et al. 2017; Rosen 2017; Wichers 2018; Malmedal 2020; Bell et al. 2021; Jones 2022; Goldblatt 2022; Moser 2022.

42 Der APS ist ein Sozialer Dienst, der ausgehend von der Nichtregierungsorganisation National Adult Protective Service Association (NAPSA) in allen US-amerikanischen Staaten verankert ist. Ziel des Programms ist es, ein Forum für Informationsaustausch, Problemlösung und Qualitätsverbesserung von Angeboten für Betroffene von „elder and vulnerable adult mistreatment" zu bieten. Zudem arbeitet der APS als Anzeigestelle für Fälle von Misshandlung,

befasste (vgl. Teaster et al. 2001; Teaster/Roberto 2003 und 2004). Baker et al. (2009) führten eine Querschnittsstudie anhand von klinischen Akten durch. Eine ähnliche Datenquelle nutzten Smith et al. (2019), die sich ebenfalls klinischer Fallakten eines forensischen Institutes bedienten. Payne (2010) bezieht seine Daten hingegen aus kriminalistischen Fallakten. Es liegen lediglich zwei Untersuchungen vor, die sich nicht auf Fallakten stützen: Iversen et al. (2015) führten eine Gruppendiskussion mit Pflegefachkräften durch und Moser et al. (2022) legten eine Fragebogenerhebung mit Hausärzt*innen vor.

Drei der Artikel stützen sich auf Daten aus der umfangreichen 2005 durchgeführten Studie „The Study of Sexual Abuse of Vulnerable Adults in Institutions" (SAVAI) zum Thema sexualisierte Gewalt in institutionellen Settings (Ramsey-Klawsnik et al. 2008 und 2012; Teaster et al. 2015). Es handelt sich hierbei um die größte Datenerhebung in dem Forschungsfeld, die in den USA bisher umgesetzt wurde.[43] Das SAVAI-Studiendesign war ein Mixed-Methods-Verfahren in zwei Phasen: In der ersten Phase wurden über einen Zeitraum von sechs Monaten alle beim APS eingehenden Anzeigen gesammelt, die Personen über 18 Jahren betrafen, die in stationären Einrichtungen lebten. Die Erhebung erfolgte über ein Datenblatt, das von den APS-Ermittler*innen umgehend nach Abschluss eines angezeigten Falles der kooperierenden University of Kentucky übermittelt wurde. Abgefragt wurden Informationen zum Inhalt der angezeigten Vorwürfe, zu den Ermittlungsprozessen, mutmaßlichen Opfern und Täter*innen ebenso wie Anzeigenden und potenziellen Zeug*innen sowie zum Pflegekontext, zu Ermittlungsausgängen (bestätigt/unbestätigt) und Konsequenzen für die Täter*innen (vgl. Ramsey-Klawsnik et al. 2008: 360; Ramsey-Klawsnik et al. 2012: 53; Teaster et al. 2015: 396). Nach Abschluss der statistischen Auswertung wurden in der zweiten Phase zufällig 15 % der Fälle ausgewählt, um mit den zuständigen Ermittler*innen Interviews durchzuführen und so detaillierte Informationen zu Ausbildung und Erfahrung der Ermittler*innen zu erheben sowie deren Expertise zu Handlungsempfehlungen zu erfragen (vgl. Ramsey-Klawsnik 2012: 54). Die Interviews wurden telefonisch von im Bereich der sexualisierten Gewalt qualifizierten Sozialarbeiter*innen durchgeführt.

Ausbeutung, Vernachlässigung und anderer Formen von Gewalt gegen ältere oder behinderte Erwachsene. Dem APS wurde durch das Criminal Justice System auf nationaler Ebene ein investigatives Mandat erteilt, wobei die Investigationen jedoch keine strafrechtlichen Implikationen haben, sie dienen lediglich als ‚Vorarbeit' für die eigentlichen Justizbehörden. Demnach stellt der APS eine zivile Ermittlungsbehörde dar (vgl. Ramsey-Klawsnik et al. 2008: 373). Jeder Staat besitzt ein eigenes unabhängiges Untersuchungssystem. In vielen Staaten besteht eine Meldepflicht der genannten Fälle gegenüber dem APS oder anderer Ermittlungsbehörden (vgl. ACL 2022: o.S.).

43 Auch weitere Artikel zu dieser Studie, die jeweils andere Aspekte auswerten, sind im Rahmen des Themenfeldes interessant und enthalten relevante Erkenntnisse (vgl. Ramsey-Klawsnik et al. 2007; Teaster et al. 2008; Abner et al. 2016); diese wurden jedoch aufgrund der Selektionskriterien nicht in den hiesigen Datenkorpus aufgenommen.

3.2 Zusammenführung der Ergebnisse

In diesem Kapitel werden die Ergebnisse der Beiträge gebündelt – aufgeteilt in die Auswertungen der Literaturanalysen und die empirischen Forschungen – dargestellt, um die vorab bestimmte Forschungsfrage zu beantworten. Da der Datenkorpus nur ein Ergebnis aus Deutschland beinhaltet, wird zuvor beleuchtet, wie in der deutschsprachigen Forschung sexualisierter Gewalt gegen ältere Menschen berücksichtigt wird. Bei der Auswertung der Literatur wird eine möglichst originalgetreue Übersetzung verwendet, so stellt Abb. 3 eine Übersicht über alle verwendeten Übersetzungen im Vergleich zu den in dieser Arbeit verwendeten Begriffen dar.

Tab. 2: Gegenüberstellung zentraler englischer Begriffe, deutscher Übersetzungen und in diesem Buch verwendeter Wortwahl (Quelle: eigene Darstellung)

Englischer Begriff	Deutsche Übersetzung	Verwendete Wortwahl
sexual abuse	sexueller Missbrauch	sexualisierte Gewalt
sexual assault	sexueller Übergriff	sexualisierte Gewalt
sexual aggression	sexuelle Aggression	sexualisierte Gewalt
sexual victimization	sexuelle Viktimisierung	sexuelle Viktimisierung
victim	Opfer	Betroffene*r
perpetrator	Täter*in	Täter*in
nursing home resident	Pflegeheimbewohner*in	Bewohner*in der stationären Altenhilfe

3.2.1 Forschungsinteresse in Deutschland

Nachdem das wissenschaftliche Interesse am Thema ‚Elder Abuse‘[44] im angelsächsischen Sprachraum seit den 1970er Jahren zunahm, entwickelte sich die Aufmerksamkeit für den speziellen Fall der sexualisierten Gewalt (‚Elder Sexual Abuse‘) erst vergleichsweise spät – Anfang bis Mitte der 1990er Jahre. In Deutschland begann der Diskurs rund um Gewalt gegen ältere Menschen – der vornehmlich reduziert den Aspekt ‚Gewalt in der Pflege‘ betrachtete – erst eine Dekade später in der 1980er Jahren im Zusammenhang mit der politischen Bewegung rund um Trude Unruh und die damalige Senior*innen-vertretende

44 Elder Abuse wird definiert als „a single or repeated act or lack of appropriate action, occurring within any relationship where there is an expectation of trust which causes harm or distress to an older person“ (Action on Elder Abuse 1995 zit. nach WHO 2008: 1). Hinsichtlich der Formen von Gewalt wird eine fünffache Kategorisierung in ‚Physical Abuse‘, ‚Psychological Abuse‘, ‚Financial Exploitation‘, ‚Sexual Abuse‘ und ‚Neglect‘ vorgenommen. Teilweise wird ‚Nursing Home Abuse‘ als eigenständige Kategorie ergänzt.

Partei „Graue Panther“. Wissenschaftliche Beiträge zum Thema sexualisierte Gewalt gegen ältere Menschen finden sich im deutschen Sprachraum hingegen erst ab 2003 im Rahmen zweier Forschungsprojekte des Kriminologischen Forschungsinstituts Niedersachen (KFN), „Ältere Menschen als Opfer sexualisierter Gewalt!“ (Görgen/Nägele 2003) und „Ältere Opfer sexueller Gewalt – eine bislang vernachlässigte Opfergruppe?“ (Görgen et al. 2005). Die Zusammenfassung des Forschungsstandes in Deutschland erweist sich dementsprechend als recht überschaubar, wobei zu verzeichnen ist, dass die Auseinandersetzung seit einigen Jahren zunimmt.

Die kürzlich erschienene erste deutsche empirische Untersuchung zum Thema sexualisierte Gewalt in Einrichtungen der stationären Altenhilfe von Moser et al. (2022) ist zwar positiv zu bewerten, allerdings handelt es sich hierbei um eine Befragung von Hausärzt*innen mit dem Ziel zu erheben, inwieweit das Problem sexualisierter Gewalt gegen ältere, pflegebedürftige Menschen grundsätzlich bekannt ist und in der Praxis berücksichtigt wird. Hieraus lassen sich nur wenige Implikationen für die Soziale Arbeit im Handlungsfeld der stationären Altenhilfe ableiten. Demgegenüber verspricht das aktuelle Forschungsprojekt „Sexuelle/Sexualisierte Gewalt in Einrichtungen der stationären Langzeitpflege in Deutschland“ (SeGEL), das von der Deutschen Hochschule der Polizei in Kooperation mit dem Zentrum für Qualität in der Pflege (ZQP) unter der Leitung von Thomas Görgen durchgeführt wird, spezifischere Erkenntnisse hervorzubringen. Die Studie, deren Ergebnisse 2023 erwartet werden, schließt thematisch an das 2005 abgeschlossene Forschungsprojekt „Ältere Opfer sexueller Gewalt – eine bislang vernachlässigte Opfergruppe?“ des KFN an, aus dem die bislang einzigen empirischen Daten zu sexualisierter Gewalt gegen ältere Menschen – vereinzelt auch zum Umfeld der stationären Altenpflege – in Deutschland hervorgegangen sind. Deshalb werden der hierzu veröffentlichte Forschungsbericht (Görgen et al. 2005) und ein zusammenfassender Artikel (Görgen et al. 2006) als erweiterte Ergebnisse der Literaturrecherche berücksichtigt und im Folgenden im Hinblick auf die für unser Thema relevanten Ergebnisse kurz beleuchtet. Bei der Studie handelt es sich um eine multimethodale, explorative Hellfeld-Studie zur Untersuchung sexueller Viktimisierung im Alter, die zugleich als Pilotstudie zur Generierung von Basisdaten und zur Sondierung dieses schwer zugänglichen Forschungsfeldes eingestuft wird (vgl. Görgen et al. 2005: 6). Aufgrund der kleinen und örtlich begrenzten Stichprobe kann keine Aussagen zur Prävalenz getroffen werden. Der Datenpool speist sich aus Fallakten von Polizei, Justiz und Organisationen der Opferhilfe (hauptsächlich Frauenhäuser und -beratungsstellen). Die Untersuchung ist in drei Hauptzweige gegliedert, für die mit jeweils unterschiedlichen Erhebungs- und Analysemethoden gearbeitet wurde:

(1) Kriminalstatistische Befunde (vgl. Görgen et al. 2005: 7)
   (i) Auswertung der Aggregatdaten sämtlicher Delikte gegen die sexuelle Selbstbestimmung von Personen über 60 Jahre, die in der Polizeilichen Kriminalstatistik des Bundeskriminalamtes von 1993–2004 registriert wurden (komparativ zu jüngeren Altersgruppen ausgewertet).
   (ii) Weitere Analyse der Beziehung zwischen Opfer und Tatverdächtigen: Polizeiliche Einzeldatensätze aus Niedersachsen und Baden-Württemberg, die detaillierte Informationen zu altersbezogenen Unterschieden ausweisen.
(2) Analyse staatsanwaltlicher Verfahrensakten (vgl. Görgen et al. 2005: 8; 35) Systematische Auswertung von 122 Akten (Ermittlungsbeginn zwischen 2000 und 2003), die von der niedersächsischen Staatsanwaltschaft zur Verfügung gestellt wurden, hinsichtlich der Charakteristika von Opfern, Täter*innen und Tathergang.
(3) Befragung von Stellen der Opferhilfe und vertiefende Expert*inneninterviews (vgl. Görgen et al. 2005: 10; 65)

Zur Exploration nicht-kriminalistischer Informationen wurden in 76 Einrichtungen, die im Bereich ‚Gewalt gegen Ältere‘ und ‚(sexualisierte) Gewalt gegen Frauen‘ tätig sind (hauptsächlich Frauenhäuser und Beratungs-/Interventionsstellen), mittels einer schriftlichen Befragung Daten erhoben. Mit 22 Fachkräften, die angaben, einschlägige Erfahrungen mit älteren Opfern sexueller Viktimisierung gemacht zu haben, wurde ein vertiefendes Expert*inneninterview geführt.

Die unterschiedlichen Datenquellen machen deutlich, dass sich die von den strafverfolgenden Institutionen der Justiz und Polizei und den Einrichtungen der Opferhilfe erfassten Erscheinungsformen sexualisierter Gewalt fundamental unterscheiden: Polizeilich bekannt gewordene Sexualdelikte sind hauptsächlich Fälle von Exhibitionismus (77 %), während nur wenige sexuelle Gewaltdelikte gemäß §§ 177 und 178 StGB angezeigt wurden. Von der Opferhilfe wurden hingegen hauptsächlich schwerwiegende Formen sexualisierter Gewalt im Nahraum und Formen häuslicher Gewalt in Verbindung mit sexualisierter Gewalt berichtet. Hierbei handelte es sich meist um fortgesetzte Viktimisierungen innerhalb von engen sozialen Beziehungen, „bei denen sexuelle Gewalt und sexueller Zwang in ein umfassendes System der Gewaltanwendung, Demütigung und Kontrolle eingebettet sind“ (Görgen et al. 2006: 382), die in der stationären Altenhilfe in der Form vermutlich seltener vorkommen.

Laut der Studie sind vorwiegend Frauen von sexuellen Gewaltdelikten betroffen; was sich mit den Ergebnissen von Viktimisierungs-Surveys zu sexualisierter Gewalt im Allgemeinen bzw. im Vergleich zu jüngeren Betroffenen deckt (vgl. Görgen et al. 2006: 382). Ein weiterer Aspekt, der in der Untersuchung berücksichtigt wurde, ist das Disclosure- bzw. Anzeigeverhalten.

Dabei stellen Görgen et al. zwar fest, dass der „Polizeilichen Kriminalstatistik wie den Ergebnissen von Viktimisierungsbefragungen zufolge [...] ältere Frauen deutlich seltener als jüngere [Frauen] Opfer sexualisierter Gewalt" (Görgen et al. 2006: 388) werden, weisen jedoch zugleich darauf hin, dass dieser Befund vor dem Hintergrund zu bewerten ist, dass die Wahrscheinlichkeit einer Anzeigeerstattung und/oder die Inanspruchnahme von Beratungs- und Hilfsangebote sich im Alter aufgrund von gesundheitlichen, kognitiven und funktionalen Einschränkungen extrem reduziert. Zudem sind „besondere motivationale Hemmnisse der Offenbarung sexueller Viktimisierung im Alter sowie [...] generationenspezifische Wertungen sexuellen Zwanges in Ehen älterer Menschen" (Görgen et al. 2006: 388) anzunehmen. Es ist davon auszugehen, dass dies für Bewohnerinnen der stationären Altenhilfe in entsprechender, wenn nicht gar in verstärkter Weise gilt.

Obwohl hier eine umfangreiche kriminologische Untersuchung vorliegt, die erstmals Zahlen zur Epidemiologie aus dem deutschen Sprachraum präsentiert, gibt es nur wenige differenzierte Aussagen zu sexualisierter Gewalt in der Altenpflege, sowohl ambulant als auch stationär. In den 22 Expert*inneninterviews werden insgesamt 34 Fälle beschrieben, von denen in einem Fall der Täter ein Mitbewohner der Wohneinrichtung war. In vier weiteren Fällen wurden Personen aus Heil- und Pflegeberufen als Täter*innen angegeben, wobei nicht offengelegt wird, ob es sich um einen ambulanten oder stationären Kontext handelt (vgl. Görgen et al. 2006: 386).

In den zentralen Schlussfolgerungen postulieren Görgen et al. (2006) ein Kompetenzdefizit auf Seiten der Fachkräfte im Umgang mit Fällen sexueller Viktimisierung älterer Menschen in allen untersuchten Bereichen. Weiterhin sei es dringend nötig, die Sensibilisierung und Expertise in allen Berufen und Professionen, die mit älteren Menschen zusammenarbeiten, zu erhöhen. Die Umsetzung der Empfehlung, künftige Untersuchungen „sollten weitere Institutionen und Professionen in den Blick nehmen (ambulante und stationäre Pflege, psychosoziale Beratung, MedizinerInnen, Geistliche), bei denen Wissen über einschlägige Fälle vermutet werden kann und auch direkte Befragungen älterer Opfer vorsehen" (Görgen et al. 2006: 387), müsste – für ein realitätsgetreueres Abbild – auch das Dunkelfeld verstärkt in den Blick nehmen. Derartige Studien wurden jedoch bisher nicht durchgeführt.

Seit der Studie von Görgen et al. (2005 und 2006) bekam das Thema zunächst keine weitere wissenschaftliche Aufmerksamkeit, was angesichts der Zunahme an Auseinandersetzung mit sexualisierter Gewalt im Allgemeinen, dem gesellschaftlichen Diskurs rund um geschlechtsspezifische und feministische Themen und der weiterhin anhaltenden Thematisierung des sogenannten Pflegenotstandes irritiert. Gleichwohl haben einzelne Sammelbandbeiträge, wie beispielsweise „Sexualisierte Gewalt in der stationären Alten- und Krankenpflege" (Rosen 2017) und „Sexualisierte Gewalt in der stationären Altenhilfe" (Wichers 2018), das Thema zumindest in den Diskurs um (sexualisierte)

Gewalt in institutionellen Kontexten eingebracht und damit einige wichtige Gedanken und Anstöße hierzu geliefert.

Zusammenfassend lässt sich festhalten, dass es nur eine einschlägige, spezifisch auf die genannten Untersuchungskriterien dieser Arbeit fokussierte empirische Studie aus dem deutschen Sprachraum gibt (Moser et al. 2022), obwohl die defizitäre Forschungslage bezüglich sexualisierter Gewalt gegen Menschen höheren Lebensalters – insbesondere diejenigen, die in Pflegeeinrichtungen leben – seit geraumer Zeit beklagt und bemängelt wird (vgl. Görgen/Nägele 2003; Görgen et al. 2006; Rose 2016; Suhr 2017; Wichers 2018). Als Hauptursache für das Forschungsdesiderat wird angeführt, dass das Forschungsfeld schwer zugänglich sei und die potenziell Betroffenen nur mit großen Barrieren erreichbar seien. Diese Erschwernis betrifft dabei nicht ausschließlich die physische, sondern auch die psychische und kognitive eingeschränkte Zugänglichkeit. Diese ist besonders bei hochaltrigen, pflegebedürftigen Personen aufgrund zunehmender kognitiver Einbußen und demenzieller Veränderungen vermehrt vorhanden, was sie wiederum anfälliger für Gewalt macht. Angesichts dessen ist auch hinsichtlich forschungsethischer Standards in Frage zu stellen, ob eine Befragung sowie die Verwendung der Daten, die nur mit einem informierten Einverständnis geschehen darf, in irgendeiner Form vertretbar wäre (siehe hierzu ausführlich Kiegelmann 2020). Es zeigt sich ein schwerwiegendes Dilemma, das sich ähnlich auch in der Praxis abbildet, beispielsweise anhand von Unsicherheiten hinsichtlich der Zuverlässigkeit von getroffenen Aussagen im Disclosureprozess. Görgen et al. (2005) prognostizieren, dass „verlässliche […] Dunkelfelddaten, die bislang nicht vorliegen und in Bezug auf ältere Opfer insgesamt auch kaum jemals zu erlangen sein werden“, da „[i]nsbesondere unter Hochaltrigen […] Merkmale vermehrt und verstärkt auf[treten], welche die Chance beträchtlich vermindern, dass eine Person im Rahmen einer Opferbefragung erreicht wird und dort über ihre Viktimisierung berichtet“ (Görgen et al. 2005: 142).

3.2.2 Auswertung der Literaturanalysen

Drei der ausgewählten Artikel sind Literaturanalysen, zwei davon (Malmedal et al. 2015 und Smith et al. 2018) fungieren als Vorarbeit zu ihren empirischen Studien (Iversen et al. 2015; Smith et al. 2019), die ebenfalls Teil des Datenkorpus sind und später im entsprechenden Abschnitt behandelt werden. Die dritte ist eine für sich allein stehende Literature Synthesis (Rosen et al. 2010), in der sexuelle Aggressionen zwischen Bewohner*innen von Pflegeheimen untersucht werden. Das systematische Literaturreview von Malmedal et al. (2015), das methodisch eine Mischung aus klassischer Systematic Literature Review und Scoping Review ist, hat zum Ziel, den Wissensstand zu sexuellem

Missbrauch von Pflegeheimbewohner*innen zu beleuchten, und kommt damit dem Erkenntnisinteresse der hier vorliegenden Untersuchung am nächsten. Die aktuellste der drei Studien ist ein systematisches Literaturreview (Smith et al. 2018), das einen forensisch-medizinischen Schwerpunkt setzt.

Das vorrangige Untersuchungsziel von Smith et al. (2018) besteht darin, soziodemografische Charakteristika von Opfern und Täter*innen und Daten zu forensischen Merkmalen von sexuellen Übergriffen zu analysieren sowie bekannte Risiko- und Schutzfaktoren zu extrahieren. Dementsprechend wurden 15 vorwiegend US-amerikanische empirische Studien inkludiert, die die physischen Auswirkungen von sexuellen Übergriffen von Pflegeheimbewohner*innen behandeln. Gleichwohl wird darauf aufmerksam gemacht, dass bis dato nur spärliche Daten zu physischen Auswirkungen von sexuellen Übergriffen, wie sie sich bei älteren Körpern typischerweise manifestieren, bekannt sind (vgl. Smith et al. 2018: e380). Bereits die von Smith et al. (2018) verwendete Sprache zeigt, dass ihre Untersuchung auf medizinische und kriminalistische Aspekte fokussiert ist. Weiterhin zeigt sich dies an der thematischen Auswahl der Ergebnisbündelung: So werden aus dem Datenkorpus die Anzahl der Fälle, soziodemografische Daten von Opfern und Täter*innen, deren Beziehung zueinander, die Rolle von Zeug*innen, die forensischen Marker und physischen Verletzungen mit spezifischem Fokus auf Belastbarkeit der Beweise, rechtliche Konsequenzen sowie Ermittlungsbarrieren extrahiert und übersichtlich dargestellt. Smith et al. sind die ersten, die explizit die Bedeutung von Risiko- und Schutzfaktoren berücksichtigen (wollen) und stellen diesbezüglich ernüchtert fest: „Risk and protective factors were not examined in any of the studies“ (2018: e379). Sie fassen zusammen, dass vorwiegend diejenigen Personen viktimisiert werden, die am vulnerabelsten sind (hochaltrig, erkrankt, mit Behinderung, kognitiv eingeschränkt und/oder dement), und dass die meisten Einrichtungen nach eigenen Angaben keine Ressourcen hätten, um Vorkommnissen von sexualisierter Gewalt adäquat zu begegnen. Sie kritisieren, dass charakteristische soziodemografische Informationen, die über ‚Geschlecht‘ und ‚Ethnizität‘ hinausgehen, selten festgehalten werden: „This is unfortunate and surprising as profiling perpetrators may identify risk factors for offending“ (Smith et al. 2018: e380). Gefordert wird insgesamt eine nationale und globale Ausweitung der Untersuchung, Ausbau von Strategien und Richtlinien sowie mehr Präventionsinitiativen. Aufgrund der mangelhaften Operationalisierung der Begriffe und Berichte sei zudem ein Qualitätsstandard holistischer Forschung notwendig (vgl. Smith et al. 2018: e381).

Rosen et al. (2010) führten eine Literaturanalyse zu einem spezifischen Aspekt des hier untersuchten Themas durch: sexuelle Aggressionen zwischen Bewohner*innen von (Alten-)Pflegeheimen (‚sexual aggression between residents in nursing homes‘). Dabei geht es nicht ausschließlich um die Untersuchung von eindeutig als sexualisierte Gewalt zu deklarierenden Phänomenen, sondern insbesondere um Dilemmata bei der Beurteilung von Verhaltensweisen kognitiv stark beeinträchtigter Personen. Bewohner*innen von Altenpflegeeinrichtungen weisen zu einem Großteil kognitive Defizite auf, sodass die spezifische Konstellation von Fällen sexualisierter Gewalt, in der entweder die betroffene Person und/oder die*der Aggressor*in von Demenz beeinträchtigt sind, insgesamt einen gewichtigen Anteil ausmacht. Demenz ist somit sowohl als Risiko- als auch als Vulnerabilitätsfaktor zu verstehen. Gleichzeitig ist der kognitive Zustand der Bewohner*innen ein Faktor, der die Untersuchung auf vielen Ebenen verkompliziert. Dies kann die Schuldfähigkeit einer Person betreffen, die Zuverlässigkeit ihrer Aussagen wie auch ihre grundsätzliche Zustimmungsfähigkeit. Zudem kann die allgemeine assoziative Koppelung von Demenz und alten Menschen zu einem defizitorientierten Altersbild beitragen, was wiederum Einfluss auf die Reaktion von Außenstehenden bei Verdachtsfällen von sexualisierter Gewalt haben kann. Der Einfluss solcher Altersbilder wurde beispielsweise in einer US-amerikanischen Studie von Hodell et al. (2020) betrachtet, in der Vorurteile von Geschworenen hinsichtlich der Glaubwürdigkeit von Zeug*innen und Betroffenen in Fällen sexualisierter Gewalt gegen ältere Menschen analysiert wurden. Bei der juristischen Beurteilung von Fällen sexualisierter Gewalt gegen ältere Menschen sind oftmals altersdiskriminierende Wahrnehmungen festzustellen (vgl. Syme/Cohn 2020), die unter dem Begriff ‚Ageism‘[45] diskutiert werden. Weiterhin erschwert ein beeinträchtigter kognitiver Zustand – wie bereits in Kapitel 3.2.1 ausgeführt – auch den Forschungszugang zu Adressat*innen, sowohl auf kommunikativer Ebene als auch hinsichtlich ethischer Bedenken. Dementsprechend ist es wichtig, den Aspekt Demenz in besonderem Maße zu berücksichtigen. In der Untersuchung von Rosen et al. (2010) wird dem insoweit Rechnung getragen, dass ein analytischer Zusammenhang hergestellt wird zwischen dem Phänomen sexualisierter Gewalt ausgehend von Bewohner*innen von Altenpflegeeinrichtungen und sogenanntem ‚hypersexuellem Verhalten‘ von dementen Bewohner*innen. Hierdurch wird auf ein ebenfalls bisher vernachlässigtes Thema hingewiesen: Das Recht von Bewohner*innen stationärer Altenhilfeeinrich-

45 Die erste Erwähnung fand der Begriff 1969 in dem Beitrag „Age-ism: Another Form of Bigotry“ von Robert Butler: „age discrimination or age-ism, prejudice by one age group toward other age groups“ (Butler 1969: 243). Mit dem Begriff wurden fortan hauptsächlich Diskriminierungen gegen alte Menschen adressiert. Ebenso wie Butler lässt die Definition der WHO – „Ageism refers to the stereotypes (how we think), prejudice (how we feel) and discrimination (how we act) directed towards people on the basis of their age. It can be institutional, interpersonal or self-directed“ (WHO 2021: XV) – jedoch offen, welche Altersgruppe diskriminiert wird. Der Begriff wird mittlerweile auch im deutschen Sprachraum als ‚Ageismus‘ verwendet, um Altersdiskriminierung zu benennen, und gewinnt mit zunehmender Verwendung intersektionaler Analysen wieder an Bedeutung, wobei bereits Butler von „a complex interweaving of class, color, and age discrimination“ (Butler 1969: 243) sprach. Für eine ausführliche etymologische Betrachtung siehe Kramer 2010, für eine ausführliche Abhandlung mit soziologischen und psychologischen Theoriebezügen siehe McNamara und Williamson 2019.

tungen auf Sexualität. Diesem komplexen Untersuchungsgegenstand entsprechend wurde „resident-to-resident sexual aggression“ definiert als „sexual interactions between long-term care residents that, in a community setting, at least one of the recipients would be likely to construe as unwelcome and that have high potential to cause physical or psychological distress in one or both of the involved residents“ (Rosen et al. 2010: 1071) und nicht per se als sexualisierte Gewalt markiert. Ziel von Rosen et al. (2010) ist es keineswegs, unangemessenes sexuelles Verhalten oder gar sexualisierte Gewalt, die von Bewohner*innen ausgeübt wird, zu verharmlosen. Vielmehr wird das ethische Dilemma erörtert, das sich zwischen dem Recht auf Sexualität – das auch Personen haben, die durch Demenz kognitiv ggf. stark beeinträchtigt sind – und dem Risiko von sexualisierter Gewalt ergibt. Dieses Spannungsverhältnis stellt in der Praxis oft eine große Herausforderung dar:

> Thus, nursing home clinicians, staff, and administrators are faced with the challenge of maintaining the delicate balance between facilitating consensual sexual expression and ensuring resident safety from aggressive behavior. (Rosen et al. 2010: 1070)

Zentral ist hier die Frage nach der Konsensfähigkeit und wie diese unter den genannten Umständen beurteilt werden kann. Um diese Frage zu untersuchen haben Rosen et al. (2010) eine Literatursynthese durchgeführt. Aus den inkludierten 8 Artikeln wurden Informationen extrahiert, die potenzielle Täter*innen, Opfer, Risikofaktoren, beschriebene Vorfälle und insbesondere ethische Implikationen betreffen. Diese Literaturanalyse sollte einen ersten Schritt zur Entfaltung der Komplexität solcher Sachlagen bieten:

> Regardless of which framework is employed, assessing the sexual consent capacity of cognitively impaired older adults is complex, challenging, and not absolute. Certain individuals may have capacity to consent to specific sexual acts but not to others or to consent to sexual acts with specific partners but not with others. A person with mild dementia may become confused or disoriented during sexual activity, making consent uncertain. Also, a cognitively impaired resident may not comprehend a partner's sudden request to stop sexual activity. (Rosen et al. 2010: 1076)

Die Literaturanalyse von Malmedal et al. (2015) stellt eine theoretische Voruntersuchung für eine qualitative Studie in Form einer leitfadengestützten Gruppendiskussion von Pflegeheimfachkräften zum Thema sexualisierte Gewalt gegen Bewohner*innen dar (vgl. Iversen et al. 2015; siehe Kapitel 3.2.3). Dementsprechend wird die Rolle von Mitarbeiter*innen besonders in den Mittelpunkt gerückt. Für die Analyse wurden alle Studien zusammengetragen, die sich mit dem Phänomen sexualisierter Gewalt in Altenpflegeeinrichtungen befassen, wobei vergleichende Arbeiten ausgeschlossen wurden. Hieraus sollte der aktuelle Wissensstand abgeleitet werden, wobei die folgenden Aspekte im Fokus der Analyse standen: Definitionen, Prävalenzen, Formen des sexuellen Missbrauchs, Charakteristika der Opfer sowie der Täter*innen, Konsequenzen für Opfer und Täter*innen sowie die Reaktion der Einrichtungen auf sexuelle

Übergriffe. Nach der inhaltlichen Ergebniszusammenführung konkludieren Malmedal et al. (2015: 5 f.), dass die bis dato realisierten Studien zeigen, dass sexueller Missbrauch in Pflegeheimen existiert und davon sowohl Männer als auch Frauen betroffen sind. Prävalenzdaten seien jedoch nicht bekannt und es gebe keine konsistente Definition von ‚sexuellem Missbrauch', die eine systematische Meta-Analyse zuließe. Insgesamt lasse sich verzeichnen, dass Pflegeheime nicht adäquat auf Vorkommnisse reagieren und dass es den Fachkräften an Fachwissen fehlt, um dem Problem begegnen zu können (vgl. Malmedal et al. 2015: 5). Vor diesem Hintergrund stellen Malmedal et al. die These auf, dass die Mitarbeiter*innen kein Bewusstsein dafür hätten, dass sexualisierte Gewalt gegen Bewohner*innen auftreten kann, und dass dieses mangelnde Bewusstsein die vulnerable Position verstärkt (vgl. Malmedal et al. 2015: 5). Daraus leiten sie Forderungen nach Handlungsvorgaben und Berichterstattungssystemen ab, vernachlässigen jedoch deren Einbettung in eine umfassende organisationale Interventions- und Präventionsstrategie. Auch die Verantwortung übergeordneter Ebenen (Gesundheitssystem, Politik, Gesellschaft) findet wenig Beachtung, wenngleich auch kulturell-strukturell bedingende Faktoren wie Ageism benannt werden. Weiterhin verweisen sie auf die offenkundigen Forschungslücken, insbesondere, was operationalisierbare Definitionen, Prävalenzdaten und umfassendere Daten zu spezifischen Charakteristika des Phänomens betrifft, und rufen zu weiterer Exploration des Forschungsfeldes auf.

3.2.3 Auswertung der empirischen Studien

Anhand der 13 Artikel zu den Ergebnissen der empirischen Studien lassen sich verschiedene Erkenntnisse zum Phänomen sexualisierter Gewalt gegen Bewohnerinnen von stationären Altenhilfeeinrichtungen zusammentragen. Diese werden im Folgenden thematisch geordnet analysiert. Dabei ist die Fokussierung auf die Charakteristika des Phänomens leitend; dies umfasst Merkmale der Betroffenen und der Täter*innen sowie deren Verhältnis zueinander, Formen der sexualisierten Gewalt und Folgen für Betroffene.

Tab. 3: Übersicht der 13 empirischen Studien des Datenkorpus (Quelle: eigene Darstellung)

Erkenntnisinteresse	Datengrundlage	Zentrale Ergebnisse
Burgess/Dowdell/Prentky (2000a): Sexual Abuse in Nursing Home Residents		
Pilotstudie zur Erforschung vorläufiger Ergebnisse mit dem Fokus auf den Opfern; Aufmerksamkeit für das Thema schaffen	Analyse von 20 ausführlichen Gerichtsakten anhand der vier Kategorien ‚Demografisches', ‚Opfer', ‚Täter*in'& ‚Forensik'	Opfer zeigten ‚trauma-related-symptoms' und Verschlimmerung von Vorerkrankungen; 12 hatten Diagnose von Demenz; alle waren durch ihre Konstitution wenig oder gar nicht in der Lage sich zu wehren; 11 von 20 Opfern verstarben innerhalb eines Jahres; Personal nimmt eine besondere Bystander-Rolle ein.
Burgess et al. (2000b): Sexual Predators in Nursing Homes		
Studie zur Erforschung von Täter*innen-Profilen	Selektive Stichprobe von 18 Täter*innen aus 20 Fällen, die sexuelle Übergriffe an Bewohner*innen von stationären Pflegeeinrichtungen begingen	Täter*innen waren 15 Mitarbeiter*innen (davon 12 Männer) sowie 3 andere (männliche) Bewohner; Alter der Täter*innen reichte von 16 bis 83 Jahren; Angestellte waren zum Teil vorbestraft oder aus anderen Einrichtungen wegen Taten sexualisierter Gewalt entlassen worden; Motive konnten selten ermittelt werden.

Erkenntnisinteresse	Datengrundlage	Zentrale Ergebnisse
Teaster/Roberto (2001): Sexual Abuse of Older Adults: Preliminary Findings of Cases in Virginia		
Vorläufige Ergebnispräsentation von Daten aus den ersten drei Erhebungsjahren einer größer angelegten Studie, in der die Komplexität von Fällen sexualisierter Gewalt gegen ältere Menschen aufgezeigt wird	Daten aus 42 APS-Akten zu bestätigten Fällen sexualisierter Gewalt aus Virginia (USA) von 1996 bis 1999	Betroffene waren hauptsächlich in Einrichtungen lebende Frauen über 70 Jahren, Täter*innen waren entweder Bewohner*innen oder Mitarbeiter*innen; der größte Teil der Fälle wurde trotz Bestätigung durch den APS nicht strafrechtlich verfolgt (fehlende Beweise und/oder mangelnde Kooperationsfähigkeit der Betroffenen); bei den meisten Betroffenen wurden keine weiteren Vorkehrungen hinsichtlich Behandlung oder Schutz eingeleitet; Langzeitfolgen konnten nicht erhoben werden.
Teaster/Roberto (2003): Chapter 7 Sexual Abuse of Older Women Living in Nursing Homes		
Untersuchung von Fällen sexualisierter Gewalt gegen ältere Bewohnerinnen der stationären Altenpflege. Analyse der Charakteristika sowie des Ausgangs solcher Fälle	Daten aus 50 APS-Akten zu bestätigten Fällen von sexualisierter Gewalt gegen ältere Frauen zwischen 70 und 89 Jahren, die in Pflegeheimen leben	Häufigste Formen sexualisierter Gewalt waren sexualisierte Berührungen, Küsse und ‚unerwünschtes sexuelles Interesse am Körper'; alle Täter männlich und vorwiegend Bewohner, über 70 Jahre alt; nur drei Fälle wurden strafrechtlich verfolgt, nur einer verurteilt; eher Einzel- als Wiederholungstaten; alle Frauen waren stark eingeschränkt in ihren Selbstversorgungsfähigkeiten, eher hochaltrige, über 80 Jahre alte Frauen betroffen.

Erkenntnisinteresse	Datengrundlage	Zentrale Ergebnisse
Teaster/Roberto (2004): Sexual Abuse of Older Adults. APS Cases and Outcomes		
Entwicklung eines Profils von Fällen sexualisierter Gewalt gegen ältere Personen	Bivariate Analyse von 82 Fällen, die in einem Fünfjahreszeitraum beim APS gemeldet wurden	Betroffene meist Frauen zwischen 70 und 89 Jahren, die in einer Pflegeeinrichtung leben; vorwiegend Fälle von sexualisierten Berührungen, Küssen und ‚unerwünschtem sexuellem Interesse am Körper'; Täter*innen waren in der Mehrheit andere Bewohner*innen; Zeug*innen waren häufig Angestellte.
Ramsey-Klawsnik et al. (2008): Sexual Predators who target elders: Findings from the First National Study of Sexual Abuse in Care Facilities		
Profilerstellung von Täter*innen sexualisierter Gewalt gegen ältere Bewohner*innen von Pflegeheimen	Analyse von 119 Fällen von sexualisierten Übergriffen gegen ältere Personen (65+) aus der SAVAI-Studie[i]	Viele Fälle wurden aufgrund mangelnder Beweise als ‚unbestätigt' abgelegt, wobei es viele Hinweise auf die Tat gab; nur 32 ‚bestätigte' Fälle; es folgte in keinem dieser Fälle eine Verhaftung; vorwiegend Fälle von sexueller Belästigung u. ä.; viele der Betroffenen waren kognitiv eingeschränkt.

Erkenntnisinteresse	Datengrundlage	Zentrale Ergebnisse
Baker et al. (2009): Sexual Assault of Older Women: Risk and Vulnerability by Living Arrangement		
Vergleich sexueller Übergriffe gegen Frauen in unterschiedlichen Wohnarrangements (‚institutionell'; ‚häuslich'; ‚obdachlos'). Beleuchtung des Wohnumfelds als Risikofaktor	Retrospektive Querschnittsstudie anhand von 198 medizinischen Untersuchungsakten von Frauen über 50 Jahre aus einer auf sexualisierte Gewalt spezialisierte Krankenhausabteilung, 58 Fälle beziehen sich auf Betroffene aus Pflegeeinrichtungen.	Signifikante Unterschiede hinsichtlich der jeweiligen Risikofaktoren zwischen den Wohnarrangements: Betroffene sind häufiger vulnerabel aufgrund von physischen, kognitiven oder psychischen Einschränkungen; ‚service providers' als hauptsächliche Täter*innen; Betroffene in institutionellen Settings seltener mit physischer Gewalt oder Waffen bedroht, Gewalt wird hier vor allem durch Autoritätsmacht (‚coerced through authority') durchgesetzt.
Payne (2010): Understanding Elder Sexual Abuse and the Justice System's Response: Comparisons to Elder Physical Abuse		
Analyse der Dynamik von Gerichtsfällen sexualisierter Gewalt gegen ältere Menschen im Vergleich zu Fällen physischer Gewalt	Vergleichsanalyse von 127 Gerichtsfällen sexualisierter Gewalt (alle in Pflegeeinrichtungen) vs. 314 Gerichtsfälle physischer Gewalt gegen Ältere	Vor allem weibliche Opfer und männliche Täter zu verzeichnen; Opfer hatten meist eine/mehrere Formen von Beeinträchtigung; Täter*innen häufig Angestellte; eher Wiederholungstaten; Fälle sexualisierter Gewalt unterscheiden sich stark von Fällen physischer Gewalt, auch Präventionsstrategien müssen angepasst werden; Zeug*innen spielen wichtige Rolle für Ausgang eines Falles.

Erkenntnisinteresse	Datengrundlage	Zentrale Ergebnisse
Ramsey-Klawsnik et al. (2012): Sexual Abuse Happens in Health Care Facilities. What can be done to prevent it?		
Entwicklung von Empfehlungen und Handlungsleitlinien für die Praxis insbesondere für APS-Ermittler*innen	64 telefonische Interviews mit Ermittler*innen des APS zu Fällen aus der SAVAI-Studie (gesonderte Auswertung der Daten der 2. Phase)[i]	Größte Herausforderungen bei Ermittlungen sind: mangelnde Erfahrung und mangelnde Ressourcen (Zeit und Wissen) der Ermittler*innen; Komplexität der Fälle; Bedarf an Weiterbildung hinsichtlich psychischer Probleme
Teaster et al. (2015): The Sexual Victimization of Older Women Living in Nursing Homes		
Vergleich bestätigter und unbestätigter Fälle des APS zu Eigenschaften der Ermittlungen, der Fälle und des Phänomens sexualisierter Gewalt gegen ältere Frauen in der stationären Altenhilfe	Analyse von 64 der 410 Fälle der SAVAI-Studie, in denen Frauen über 65 Jahren von sexualisierter Gewalt betroffen waren[i]	Soziodemografische Charakteristika kongruent mit bisherigen Studien (weiblich, eher hochaltrig; Täter zu 89 % männlich); eher vulnerablere Frauen betroffen (Demenz; Erkrankungen; Immobilität); nur ca. die Hälfte in der Lage zu kommunizieren; häufigste Formen der Übergriffe waren sexuelle Belästigung und ‚unerwünschtes sexuelles Interesse am Körper'; es wurden eher Hands-on-Taten bestätigt; Disclosure meist durch Opfer selbst.

Erkenntnisinteresse	Datengrundlage	Zentrale Ergebnisse
Iversen et al. (2015): Sexual Abuse of Older Residents in Nursing Homes: A Focus Group Interview of Nursing Home Staff		
Zusammenführung von Erfahrungen mit und Einstellungen zu sexualisierter Gewalt gegen Bewohner*innen; Induktion genereller Thesen, um hieraus allg. Erkenntnisse zum Thema herzuleiten	Gruppendiskussion anhand offener Leitfragen mit 6 Pflegefachkräften der stationären Altenhilfe	Thema ruft starke Emotionen hervor; wenige hatten Erfahrung mit Thema oder haben je darüber nachgedacht; Einigkeit besteht dahingehen, dass es sich um ein tabuisiertes Thema handelt; es besteht große Handlungsunsicherheit und Wunsch nach Fortbildung; ‚Ageism' als Teilursache, es braucht allgemein mehr Bewusstsein hierzu und zu angrenzenden Themen wie Sexualität älterer Menschen.
Smith et al. (2019): The Epidemiology of Sexual Assault of Female Nursing Home Residents in Viktoria Australia, between 2000 and 2015		
Erforschung der Epidemiologie mutmaßlicher Fälle sexualisierter Gewalt in Pflegeeinrichtungen mit dem Fokus auf körperliche Anzeichen nach einem sexuellen Übergriff	Retrospektive Analyse von 28 forensisch-klinischen Fallakten aus einem Fünfjahreszeitraum	Selten sichtbare Verletzungen; Betroffene (alle weiblich) hatten häufig kognitive Einschränkungen; mutmaßliche Täter sind sowohl Mitarbeiter als auch Bewohner (alle männlich); Taten sind schwer behördlich verfolg- und nachweisbar, wegen komplexer Bedingungen wie fehlender Kooperationsfähigkeit; Forderung nach obligatorischem Anzeigesystem.

Erkenntnisinteresse	Datengrundlage	Zentrale Ergebnisse
Moser (2022): Sexueller Missbrauch Pflegebedürftiger. Ergebnisse einer bundesweiten Querschnittsstudie bei Hausärzten/-ärztinnen zu Verantwortung und subjektiven Sicherheit im Verdachtsfall		
Einstellungserfassung von Hausärzt*innen zu ihrer Verantwortung in Fällen sexualisierter Gewalt gegen pflegebedürftige Patient*innen	Fragebogenerhebung mit 302 Hausärzt*innen	Große Unsicherheit hinsichtlich des weiteren Vorgehens bei Fällen sexualisierter Gewalt; Ärzt*innen sehen sich in der Verantwortung bei Vorkommen zu intervenieren; Fortbildungsinteresse zu Differenzialdiagnostik und Handlungsleitlinien.

[i] Forschungsdesign SAVAI-Studie: Zweiphasige Mixed-Methods-Studie mit speziellen „Sexual Abuse Survey"; Phase 1: Sammlung von Online-Abfrage zu insg. 410 abgeschlossenen Fällen des APS zu sexualisierter Gewalt gegen Bewohner*innen in stationären Wohneinrichtungen im Zeitraum von 6 Monaten in 5 US-amerikanischen Staaten (19 Fälle wurden aufgrund mangelnder Daten zu den Betroffenen weitgehend ausgeschlossen); Phase 2: 64 konsekutive telefonische Interviews mit zuständigen Ermittler*innen der in Phase 1 gesammelten Fälle.

Charakteristika der Betroffenen

Burgess et al. (2000a) stellten in der ersten Studie zu sexualisierter Gewalt gegen Bewohner*innen in Pflegeheimen fest, dass die meisten Betroffenen verwitwet, ‚weiß', älter als 70 und weiblich sind; ein Profil, das mit einer Mehrheit der Population von Bewohnerinnen von Altenpflegeeinrichtungen zu diesem Zeitpunkt in den USA übereinstimmte. Teaster und Kolleg*innen arbeiteten in ihrer Pilotstudie (Teaster et al. 2001) und den konsekutiven Untersuchungen (Teaster/Roberto 2003 und 2004) ähnliche Ergebnisse heraus. Dass die Mehrheit der Betroffenen Frauen sind, spiegelt sich in allen bisher durchgeführten Studien wider, wobei zu betonen ist, dass auch Männer viktimisiert werden. So wurde in der SAVAI-Studie ein beträchtlicher Anteil männlicher Betroffener ermittelt (vgl. Abner et al. 2016: 18): 64 Fälle sexualisierter Gewalt in Einrichtungen der stationären Altenhilfe wurden von Frauen (vgl. Teaster et al. 2015: 392) und 26 von Männern angezeigt (vgl. Teaster et al. 2008: 29). Einige Forscher*innen äußern die Vermutung, dass bei männlichen Betroffenen von einer noch deutlich höheren Dunkelziffer auszugehen ist, da männliche sexuelle Viktimisierung ein noch stärker tabuisiertes Thema sei (vgl. Teaster et al. 2008; Malmedal et al. 2015). Unter der Prämisse, dass es bei sexualisierter Gewalt mehr um Bemächtigung und Demütigung als um sexuelle Motive geht, formulieren Malmedal et al., dass das „gender-issue“ (Malmedal et al. 2015: 3) mit zunehmender Pflegebedürftigkeit und entsprechender Abhängigkeit in den Hintergrund rückt. Ihnen zufolge könnten pflegebedürftige Männer genauso vulnerabel für sexualisierte Gewalt sein wie pflegebedürftige Frauen, für konkrete und diese Annahme belegende Aussagen bedürfe es jedoch weiterer Forschung (vgl. Malmedal et al. 2020: 76). Hinweise, die diese Annahme bestätigen, finden sich in den Forschungsergebnissen von Nobels et al., wenngleich sich ihre Daten nicht nur auf Personen im Setting stationärer Altenhilfe beziehen: „Women were more likely to be sexually victimised in their lifetime, but for the past 12-months we found no difference between women and men regarding sexual victimisation“ (Nobels et al. 2020: 3).

Weitere typische Merkmale der Betroffenen sind, dass eher hochaltrige Frauen viktimisiert werden (79–99 Jahre) (Iversen et al. 2015), die häufig kognitiv und/oder körperlich stark eingeschränkt sind (Smith et al. 2019; Ramsey-Klawsnik 2008; Teaster/Roberto 2004; vgl. auch Burgess et al. 2008; Hanrahan et al. 2005). In der SAVAI-Studie wurden explizit die körperlichen, kognitiven und psychischen Krankheiten und Beeinträchtigungen der Betroffenen erfasst (vgl. Teaster et al. 2015: 397 f.), die kongruent mit den Ergebnissen aller Studien sind, die hierzu Aussagen machen: Die überwiegende Mehrheit hatte eine Alzheimerdiagnose oder eine andere Form von Demenz (70 %) und etwa die Hälfte litt unter einer Herzerkrankung. Je fast ein Drittel der Bewohner*innen war von einer Form von körperlicher Behinderung betroffen und/oder es lag die Diagnose einer psychischen Störung vor. Nur 41 % der Betroffenen zeigten keinerlei Einschränkungen in ihren kommunikativen Fähigkeiten (vgl. Teaster et al. 2015: 397).

Charakteristika der Täter*innen

Zu den Täter*innen sind weniger Daten bekannt als zu den Betroffenen. Sie werden überwiegend als männlich und zwischen 18 und 80 Jahre alt beschrieben (vgl. Teaster et al. 2001, Teaster/Roberto 2003 und 2004; Ramsey-Klawsnik 2008; Smith et al. 2019). In den meisten Studien wurde jedoch auch ein nicht geringer Anteil weiblicher Täterinnen ausgemacht, in der SAVAI-Studie waren es mehr als 20 % (vgl. Ramsey-Klawsnik 2008: 362). Bemerkenswert hierbei ist, dass es sich bei fast allen Täterinnen um Angestellte handelt und unter den 48 beschuldigten Mitbewohner*innen nur zwei Frauen waren (vgl. Ramsey-Klawsnik 2008: 363). Burgess et al. (2000b: 32 f.) haben festgestellt, dass viele der Mitarbeiter*innen – die auf Basis kriminalistischer Daten einen Anteil von 90 % der Täter*innen ausmachten – u. a. wegen Sexualdelikten vorbestraft waren (es fand bei der Einstellung keine Überprüfung der Vorstrafen statt) oder aus vorherigen Anstellungen wegen des Vorwurfs sexueller Übergriffe gegenüber Bewohner*innen entlassen wurden. Die verantwortlichen Leitungen rechtfertigten die Anstellung trotz der bekannten

Vorwürfe im Nachhinein mit einem erheblichen Personalmangel.[46] Weiterhin beschreiben Burgess et al. die in ihrer Studie identifizierten Täter allesamt als „scored low on social competences" (Burgess et al. 2000b: 33). In Fällen, in denen es sich bei den Täter*innen um Bewohner*innen handelte, wiesen diese meistens eine Form von Demenz auf.

Verhältnis zwischen Betroffenen und Täter*innen

Die Angaben in den vorliegenden Studien unterscheiden sich mit Blick auf die Beziehung zwischen Täter*innen und Betroffene zum Teil erheblich. Gemeinsam ist ihnen, dass Angehörige oder andere Besucher*innen selten als Täter*innen benannt werden, wenngleich auch solche Fälle vereinzelt gemeldet werden. Überwiegend handelt es sich bei den Täter*innen um Mitarbeiter*innen der Pflegeeinrichtung oder um männliche Mitbewohner. Die Ergebnisse weichen insofern voneinander ab, dass es Studien gibt, die einen höheren Anteil an Mitarbeiter*innen als Täter*innen feststellen (Burgess et al. 2000a und 2000b; Baker et al. 2009), während andere fast ausschließlich Bewohner der Pflegeeinrichtung als Täter ausmachen (Teaster et al. 2001; Teaster/Roberto 2003 und 2004). Zudem gibt es Untersuchungen, welche die Täter*innen zu gleichen Teilen beiden Gruppen zuordnen (Ramsey-Klawsnik et al. 2008 und 2012; Teaster et al. 2015; Smith et al. 2019). Eine mögliche Erklärung für die Abweichungen könnte in den die zugrunde gelegten Datenquellen liegen: Während bei Analysen von Akten medizinischer/forensischer Untersuchungen sowie von Berichten gemeldeter APS-Fälle die Anzahl beschuldigter Mitarbeiter*innen und Mitbewohner*innen eher ausgeglichen ist (Smith et al. 2019; Teaster et al. 2015; Ramsey-Klawsnik et al. 2008 und 2012), nennen Studien mit Datenquellen kriminalistischer Art (die von der Polizei untersucht bzw. vor Gericht verhandelt wurden) ganz überwiegend Fachkräfte als Täter*innen (Burgess et al. 2000a und 2000b; Payne 2010). Bemerkenswert ist jedoch, dass Baker et al. (2009: 84) – die ebenfalls medizinische Akten untersuchten – im Gegensatz zu Smith et al. (2019) feststellen, dass unabhängig von der Art des Wohnens vor allem Anbieter Sozialer Dienste als Tatverdächtige genannt wurden, wobei in stationären Einrichtungen auch andere Bewohner*innen verzeichnet werden. Zusammenfassend ziehen sie den Schluss: „women in institutional settings were more likely to be coerced through abuse of authority" (Baker et al. 2009: 84).

Dies widerspricht früheren Ergebnissen von Teaster et al., die in 75 % (vgl. Teaster et al. 2001: 10) bzw. 90 % (vgl. Teaster/Roberto 2003: 113) der Fälle Bewohner*innen als Täter*innen ausweisen. Es handelt sich in beiden Untersuchungen um bestätigte Fälle des APS, die häufiger „sexualized kissing and

46 Mit Blick auf die Unterbringung pflegebedürftiger Sexualstraftäter*innen wurde in einer Studie von Myers und Jacobo (2005: 85) festgestellt, dass in 37 Staaten der USA 380 registrierte Sexualstraftäter in ‚normalen' Altenpflegeheimen leben.

fondling“ oder „unwelcome sexual interest in the victim’s body“ als Formen der sexualisierten Gewalt auswiesen (vgl. Teaster et al. 2001: 6; Teaster/ Roberto 2003: 395) und daher eher selten vom ‚law enforcement‘ aufgegriffen und vor Gericht verhandelt wurden. Dies weist eventuell auch darauf hin, dass diese Formen sexualisierter Gewalt nicht hinreichend ernst genommen werden. Teaster et al. (2008: 41) werfen außerdem die Frage auf, ob es für (APS-) Ermittler*innen grundsätzlich einfacher ist, Fälle von übergriffigen Bewohner*innen zu bestätigen, als Vorwürfen gegen Fachkräfte nachzugehen; weiterführende Untersuchungen zu den Gründen hierfür sind notwendig. Demente oder anderweitig eingeschränkte Bewohner*innen, die als Täter*innen angezeigt wurden, durchlaufen seltener einen Anzeigeprozess oder Prozess vor Gericht, ihnen drohen – wenn überhaupt – organisationsinterne Konsequenzen. Bei den Fällen, die es bis vor Gericht schafften, handelt es sich um schwere Fälle mit eindeutiger Beweislage, bei denen die Täter*innen belastbar bzw. schuldfähig waren, wie beispielsweise Teaster et al. herausstellen: „The overwhelming majority of the cases were not prosecuted because either the evidence was insufficient (in 12 total cases) or the older adults were not able to participate in the prosecution (in 19 total cases)“ (Teaster et al. 2000: 13). Dies spiegelt sich ebenfalls in der SAVAI-Studie wider: Bei den insgesamt 119 Fällen wurden 51 Mitarbeiter*innen und 48 Bewohner*innen als Beschuldigte angezeigt – 5 waren Familienmitglieder, 4 Besucher*innen, 2 ‚Andere‘ und 9 Personen konnten nicht identifiziert werden (vgl. Ramsey-Klawsnik et al. 2008: 363). Bei den bestätigten Fällen wiederum lagen diese Zahlen bei 2 Mitarbeiter*innen und 25 Mitbewohner*innen, was im Falle beschuldigter Mitarbeiter*innen eine Bestätigungsrate von 4 % gegenüber 52 % bei beschuldigten Mitbewohner*innen ausmacht. Dies ist Ramsey-Klawsnik et al. (2008: 372) zufolge nicht darauf zurückzuführen, dass gegen Mitarbeiter*innen derart viele falsche Anschuldigungen erhoben werden, sondern dass es viel schwieriger ist, ihnen die Tat nachzuweisen, da sie diese eher verdecken und dem Vorwurf besser widersprechen können als angezeigte Mitbewohner*innen. Dass der Ausgang eines Ermittlungsverfahrens wenig darüber aussagt, ob tatsächlich ein Vorfall sexualisierter Gewalt stattgefunden hat, lässt sich, wenn auch nicht beweisen, dann doch zumindest anhand einzelner Aussagen von APS-Ermittler*innen in Bezug nicht-bestätigter Fälle erahnen:

> “I’m pretty sure that sexual abuse occurred, but without proof I had to unsubstantiate it.” – “The medical exam showed no sign of sexual abuse, therefore, I unsubstantiated.” – “Some investigators did not substain because the victims did not appear harmed or traumatized, or they were discredited by facility psychiatrists.” – “He [a facility employee] used the toilet in a bathroom while a female resident was in the bathtub, but that was not sexual abuse.” (Ramsey-Klawsnik et al. 2012: 56)

Hier zeigt sich, dass die Ermittlungen stark von Zeug*innenaussagen und Beweislage abhängen, die häufig an die Dokumentation körperlicher Verletzungen gebunden ist.

Formen sexualisierter Gewalt

Wie bereits beschrieben, ist es schwierig anhand der bisherigen Studien allgemeingültige Aussagen über die Formen aufgetretener sexualisierter Gewalt in Einrichtungen der stationären Altenhilfe zu treffen. Solche Aussagen sind abhängig vom zugrundeliegenden Verständnis sexualisierter Gewalt, das vor allem in älteren Studien selten spezifiziert wird.

Bei Burgess et al. (2000a und 2000b) werden einzelne Fälle beschrieben. Es handelt sich dabei fast durchgängig um versuchte oder vollzogene Vergewaltigungen, auf welche die Auswahl der Akten offenbar beschränkt wurde. Bei Teaster et al. (2001: 7) wird als häufigste Form sexualisierter Gewalt ‚nichtgewünschtes sexuelles Interesse am Körper' angegeben, gefolgt von ‚sexualisierten Küssen und Berührungen'. Dabei wird darauf hingewiesen, dass häufig mehrere Formen in einem Fall beschrieben werden, was als Polyviktimisierung bezeichnet wird. Ähnliches ergaben die jüngeren Untersuchungen von Teaster und Roberto (2003, 2004). Weitere hier beschriebene Formen sexualisierter Gewalt sind ‚unerwünschte Thematisierung von Sexualität', ‚sexualisierte Witze' und „oral-genital-contact" (Teaster/Roberto 2003: 111), die aber deutlich seltener verzeichnet wurden. Fälle von versuchter oder vollzogener Vergewaltigung kamen nur vereinzelt vor.

In der SAVAI-Studie (Ramsey-Klawsnik et al. 2008 und 2012; Teaster et al. 2015) wurden Formen sexualisierter Gewalt wie folgt kategorisiert und dementsprechend abgefragt: Hands-on-Taten beinhalteten „Vaginal rape/attempted vaginal rape", „Anal rape", „Digital penetration of vagina or anus", „Molestation", „Sexualized kissing", „Oral genital contact", „Harmful genital practices" sowie „Exposure to embarrass or humiliate". Hands-off-Taten beinhalteten „sexual jokes and comments", „Exhibitionism" sowie „inappropriate sexual behaviour related to sexual interest in victim's body" (Teaster et al. 2015: 400). Bei den meisten berichteten Fällen handelt es sich um Hands-on-Taten, was damit erklärt wird, dass Hands-off-Taten sowohl seltener zur Anzeige gebracht als auch seltener weiterführend untersucht – und somit bestätigt – werden. Smith et al. untersuchen ausschließlich Fälle von sexuellen Übergriffen, wobei sie zwischen „penetrative/not-pentrative" und „oral/vagina/anal/digital" (Smith et al. 2019: 91) unterscheiden. Payne (2010) beschreibt Fälle, die vor Gericht verhandelt wurden, und benennt „harmful genital contact with the victim" als dort am häufigsten auftretende Form sexualisierter Gewalt. Gemeint sind hier Formen von „genital to genital contact" oder „genital to anal contact" (Payne 2010: 214). In fast allen Fällen wurden Hands-on-Taten verhandelt, von insgesamt 127 Fällen handelt es sich nur bei 6 um Hands-off-Taten

(Exhibitionismus, unterlassene Anzeige von sexuellem Missbrauch, verbaler sexueller Missbrauch) (vgl. Payne 2010: 214). Einzelne Fälle werden von Payne herausgestellt, da es sich bei diesen um reine Demütigungen durch ‚Belustigung' und durch Diskreditierung der sexuellen Integrität der Betroffenen handelt. In diesen Fällen tritt das Motiv „desire to control the victim" (Payne 2010: 214) besonders deutlich hervor.

Insgesamt zeigt sich, dass eine Bandbreite verschiedener Formen sexualisierter Gewalt beschrieben wird, ohne dass übergeordnete Schlüsse zur Häufigkeit zulässig sind, da diese stark von den Kriterien der Datenerhebung abhängig sind.

Folgen für Betroffene

In einer quantitativen Studie untersuchen Smith et al. (2019) die Epidemiologie sexueller Übergriffe gegenüber weiblichen Pflegeheim-Bewohnerinnen anhand von 28 forensisch-medizinischen Berichten, um die in ihrer Literaturuntersuchung (Smith et al. 2018, siehe hierzu Kapitel 3.2.2) kritisierte Lücke bezüglich rechtsmedizinischer Sachkenntnisse zu verkleinern. Dabei stand die Beschreibung verzeichneter physischer Verletzungen im Vordergrund, die Hinweise auf sexualisierte Gewalt sein und als Beweise dienen können. Verletzungen seien, so Smith et al., jedoch „infrequent" (2019: 89). Bereits in ihrer Literaturanalyse weisen die Autor*innen jedoch darauf hin, dass bei älteren Frauen selten eine Untersuchung mit einem sogenannten ‚rape kit' durchgeführt wird, sodass zu spezifischen Verletzungen in diesem Zusammenhang nur wenige Informationen vorliegen (vgl. Smith et al. 2018: 378). Die Erkenntnis, dass Opfer oftmals scheinbar keine sichtbaren Verletzungen aufweisen, ist insbesondere für Ärzt*innen und anderes Gesundheitspersonal von Bedeutung, sollte aber auch Mitarbeiter*innen bewusst sein, um die Glaubwürdigkeit vorgebrachter Anschuldigungen adäquat einschätzen zu können.

Der Rolle der Ärzt*innen widmen sich insbesondere Moser et al. (2022). In der deutschsprachigen Querschnittsstudie wurden die Einstellung von Hausärzt*innen zu sexueller Gewalt gegen Bewohner*innen stationärer Altenpflegeeinrichtungen und ihre Selbsteinschätzung zur eigenen Handlungssicherheit bei solchen Ereignissen abgefragt. Im Ergebnis zeigt sich, dass sich die meisten Ärzt*innen unsicher sind, wie sie bei einem Verdachtsfall weiter vorgehen würden, wenngleich sie es als ihre Verantwortung betrachten, hier zu intervenieren. Dementsprechend sei es notwendig, hierzu Fortbildungen wahrnehmen zu können (vgl. Moser et al. 2022).

Hinsichtlich der körperlichen Folgen für Betroffene kann zusammenfassend festgehalten werden, dass die fehlende Feststellung von Verletzungen kein Beweis gegen eine Viktimisierung durch sexualisierte Gewalt ist: „It is important to recognise that while the FME [Forensic Medical Examination] may reveal genital injuries, sexual assault is a legal conclusion, not a medical diagnosis“ (Smith et al. 2019: 92). Dies gilt insbesondere dann, wenn nicht nur ‚schwere‘ Formen sexualisierter Gewalt, wie Vergewaltigungen, ernst genommen und verfolgt werden, sondern beispielsweise auch Hands-off-Taten, die keine physischen Schäden verursachen. In dieser Studie wird im Zusammenhang mit Verletzungen, die als Beweise fungieren, auf diese direkten Folgen sexualisierter Gewalt verwiesen. Jedoch wird ausschließlich bei Burgess et al. (2000a) und Teaster et al. (2015) in irgendeiner Form auf die weiterführenden Folgen für Betroffene eingegangen. In der SAVAI-Studie wurde in der Abfrage der Fälle erhoben, welche Angebote der betroffenen Person seitens der Organisation gemacht und ob diese angenommen oder abgelehnt wurden (z.B. Verlegung in ein anderes Heim oder ein anderes Zimmer, psychologische Beratung, Beratung durch das Case-Management, Krankenhausaufenthalt) (vgl. Teaster et al. 2015: 401 f.). Nur bei Burgess et al. (2000a) werden die ‚trauma-related symptoms‘ von 20 Betroffenen versuchter oder vollzogener Vergewaltigung erläutert. Hierbei handelt es sich beispielsweise um Angst gegenüber männlichem Pflegepersonal, Vermeidung von Begegnungen mit männlichem Pflegepersonal, Rückzug von bisherigen Aktivitäten, ängstliches und aufgewühltes Verhalten, gehäufter Aufenthalt in der Nähe der Pflegestation, Verweigerung der Pflege oder Medikation, Schlafstörungen, Appetitverlust oder Essensverweigerung (vgl. Burgess et al. 2000a: 15). Zudem führen Burgess et al. (2000a) einzelne Aussagen von Betroffenen mit Demenz an, an denen zum einen ablesbar ist, dass ihr Verständnis von und ihre Reaktion auf sexualisierte Gewalt stark von ihrer Sozialisation abhängen („Another resident talked of being caught, and of displeasing or disobeying her parents“), und zum anderen, dass sie Schwierigkeiten haben, den Übergriff zeitlich einzuordnen („It was as if she had been raped as a young girl, and her current memory was interwoven into a different time frame and age for her“) (Burgess et al. 2000a: 15). Malmedal et al. (2020) beschreiben in einem Buchbeitrag eine Reihe von körperlichen Verletzungen und Verhaltensveränderungen, die Fachkräften einen Hinweis auf Übergriffe sexualisierter Gewalt geben können.[47]

47 Verletzungen wie blaue Flecken im Genitalbereich; vaginale oder anale Blutungen, oftmals an Rückständen auf der Wäsche feststellbar; wunde Stellen und/oder Schmerzen im Genitalbereich, auch erkennbar an Schwierigkeiten beim Laufen, Stehen oder Sitzen; Geschlechtskrankheiten oder -infektionen; Anzeichen von PTBS, Depressionen, abwehrendes oder zurückgezogenes Verhalten, insbesondere bei der Körperpflege, Verweigerung der Nahrungsaufnahme, sozialer und emotionaler Rückzug, aggressives Verhalten usw.

3.3 Diskussion der Ergebnisse

Aus Perspektive der Sozialen Arbeit sind Ressourcen und Resilienz der Adressat*innen zentrale Faktoren für Handlungsansätze. Um diese ermitteln zu können, ist ein Verständnis der Risiko- und Vulnerabilitätsfaktoren Voraussetzung. Daher werden in der folgenden Diskussion solche Faktoren fokussiert, die sich aus der zusammengetragenen Literatur ableiten lassen. Des Weiteren wird ein Fokus auf das Forschungsdesiderat gelegt, das sich durch die Literaturanalyse herauskristallisiert. Hierbei werden verschiedene Lücken sowie methodische Schwächen der bisherigen Forschung beleuchtet.

3.3.1 Vulnerabilitäts- und Risikofaktoren

Die Analyse von Baker et al. (2009) ist die einzige, die explizit Vulnerabilitäts- und Risikofaktoren untersucht, und zwar komparativ in drei verschiedenen Settings: in Altenpflegeheimen, in der eigenen Häuslichkeit und in Fällen von Obdachlosigkeit. Dabei stellen sie erhebliche Unterschiede zwischen den Risikofaktoren je nach Lebensumfeld fest, wobei sich die Umgebungsrisiken stationärer Einrichtungen mit denen der Verletzungsoffenheit alter Frauen verbinden. Hierdurch erhöhe sich die Gefahr, Opfer sexualisierter Gewalt zu werden. Zusammenfassend resümieren sie:

> Older women with temporary or permanent selfcare deficits due to impaired physical or cognitive functions, substance use, or severe mental illness may be vulnerable to sexual assault because of reliance on others for care, inability to self-defend or make wise choices about their environment, or exposure to potential offenders within the environment. (Baker et al. 2009: 79)

Malmedal et al. (2020) weisen darüber hinaus darauf hin, dass Alter nicht per se als Vulnerabilitätsfaktor zu verstehen ist, sondern altersbezogen zunehmende Krankheiten und Einschränkungen ein erhöhtes Risiko für sexuelle Viktimisierung, beispielsweise durch die Abhängigkeit hinsichtlich der alltäglichen Pflege und Versorgung, bedeuten. So wurden in einigen Studien Daten zur Mobilität erhoben (Teaster et al. 2001; Teaster/Roberto 2003 und 2004). Hierbei zeigte sich, dass der Großteil der viktimisierten Personen immobil (bettlägerig oder auf den Rollstuhl angewiesen) waren. Damit einhergehend wurde festgestellt, dass mehr hochaltrige als ‚jüngere' alte Frauen betroffen waren. Demnach sind Beeinträchtigungen und Krankheiten als Vulnerabilitätsfaktor und äquivalent dazu Abhängigkeitsverhältnisse als bedeutsame Risikofaktoren einzustufen. Vermehrt wird deutlich, dass insbesondere kognitive Veränderungen wie Demenz eine wichtige Rolle spielen. Dies gilt nicht nur für die Betroffenen, deren Vulnerabilität hierdurch erhöht ist; insbesondere lässt sich nach Baker et al. (2009) auch für die Täter*innen Demenzbetroffenheit als

Risikofaktor ermitteln (dieses Thema wird vertieft von Rosen et al. 2010 diskutiert, siehe hierzu auch Kapitel 3.2.2).

Es zeigt sich, dass die Verletzungsoffenheit von Frauen in den vorliegenden Studien hauptsächlich an ihrem aktuellen Gesundheitszustand gemessen wird. Alle Beiträge ziehen den Schluss, dass sich bei Frauen mit abhängigkeits- und wehrlosigkeitsbedingenden Einschränkungen physischer, kognitiver oder psychischer Art die Vulnerabilität erhöht. Nicht berücksichtigt wird in den analysierten Studien des aktuellen Forschungsstandes dagegen die Biografie als Vulnerabilitätsfaktor. In ihren Untersuchungen zum Thema ‚Polyvictimization' weist Teaster hingegen auf die Notwendigkeit einer ganzheitlichen Betrachtungsweise von Gewalt hin:

> Like their younger counterparts, an older victim's past traumas may profoundly affect his or her current condition. Psychological defenses built in younger years to cope with earlier victimizations may break down in later life if an older adult is again exposed to victimization. (Teaster 2017: 294)

Gerade „in der stationären Altenpflege können viele Situationen auftreten, die alte Frauen an ihre sexualisierte männliche Gewalterfahrung erinnern lassen (können) bzw. ebenso sexualisierte Gewalt darstellen (können)" (Böhmer 2014: 23). Die Reviktimisierung bzw. Retraumatisierung sollte als Vulnerabilitätsfaktor in der Gegenwart mitgedacht werden. Traumatisierende Gewalterfahrungen – egal, zu welchem Zeitpunkt im Leben – generieren potenziell eine andere Wahrnehmung erneuter Gewalterlebnisse, als sie bei Menschen ohne Gewalterfahrungen erwartet werden kann. Sie können zwar einerseits die Resilienz stärken, möglich ist aber andererseits auch eine erhöhte Vulnerabilität. Dementsprechend ist es möglich, dass Personen mit länger zurückliegender (sexualisierter) Gewalterfahrung eher anfällig für das Erleben und die Manifestation erneuter Viktimisierung sind. Zudem erzeugt Körperpflege an sich eine potenziell grenzverletzende Situation (vgl. Bohn 2016: 91; siehe hierzu auch Kapitel 2.3.2). Solche Situationen, die mit Ohnmachts- und Kontrollverlusterfahrungen verbunden sein können, sollten als potenzielle Auslöser (‚Trigger') einer Retraumatisierung berücksichtigt werden, da „sich durch die erlebte Gewalt die Problemlagen vieler Frauen verschärfen und verschränken" (Brenssell 2020: 86). Für eine weiterführende Forschung wäre möglicherweise die These ertragreich, den ‚fahrlässigen Umgang' mit Traumaerfahrungen der Bewohner*innen in der Pflege als Vernachlässigung und in diesem Sinne als Form (sexualisierter) Gewalt zu deuten, für die es in der Ausbildung eine erhöhte Sensibilität zu entwickeln gilt. Biografiearbeit spielt dementsprechend auch in der Gewaltprävention eine bedeutende Rolle: „Es ist […] notwendig, die Biografie der Frauen zu kennen, um sie nicht unwissend in ihrer Würde und in ihren Grenzen zu verletzen" (Böhmer 2014: 21).[48] Für den Umgang von

48 Nicht nur die Biografiearbeit mit den Bewohner*innen ist wichtig; Fachkräfte, die nah mit potenziell von Gewalt betroffenen Personen arbeiten, sollten eine Reflexion der eigenen Se-

Angehörigen sozialer Berufe mit traumatisierten Menschen gibt es vielversprechende Ansätze und Konzepte wie beispielsweise das Manual zur traumasensiblen Pflege und Beratung älterer Menschen von Böhmer/Griese (2016). Für soziale Berufe im allgemeinen entwickelte Brenssell (2020) ein Konzept kontextualisierter Traumaarbeit, das auf dem Verständnis von Trauma als Prozess basiert.

Neben den beschriebenen Vulnerabilitätsfaktoren werden auch verschiedene Risikofaktoren betrachtet: So wird in einigen Studien (Smith et al. 2019; Burgess et al. 2000; Iversen et al. 2015; Malmedal et al. 2015) deutlich, dass Mitarbeiter*innen sich in Bezug auf Vorkommnisse sexualisierter Gewalt – insbesondere auf den Umgang damit – generell unsicherer fühlen als bei allen anderen Formen von Gewalt gegen Bewohner*innen. Auch eine Ungläubigkeit gegenüber solchen Vorwürfen wird öfter berichtet, die dazu führt, dass die Anschuldigung ignoriert wird:

> The fact that staff are not aware that it could happen, or have a hard time believing that it actually happens, can amplify the residents' vulnerable position as potential victims of abuse, and it makes it even more challenging to report or uncover such acts. (Iversen et al. 2015: 1)

Der Umgang mit Fällen sexualisierter Gewalt stellt nicht nur die Mitarbeiter*innen vor komplexe Herausforderungen, in den Studien zeigen sich auch externe Schnittstellen wie Ärzt*innen und Ermittlungsbehörden überfordert (vgl. u.a. Moser et al. 2022). Fälle sexualisierter Gewalt sind grundsätzlich besonders schwer behördlich verfolgbar, sowohl in der Beweisaufnahme als auch im stichhaltigen Nachweis. Im Setting von Pflegeheimen erhält dieser Umstand noch mehr Gewicht aufgrund besonders komplexer Bedingungen (vgl. Smith et al. 2019: 94). Es wurde festgestellt, dass die Aufdeckung und der juristische Prozess in besonderem Maße von der Kooperation der Mitarbeiter*innen der Pflegeheime abhängt, da diese als zuverlässige Zeug*innen fungieren können. Die unmittelbare Anzeige und Kooperation mit Behörden ist laut Smith et al. (2019: 94) deren Verantwortung und Pflicht. Daher fordern sie sowohl strikte, per Gesetz festgelegte Bestimmungen als auch obligatorische Anzeigesysteme. Maßnahmen wie obligatorische Anzeigesysteme werden jedoch auch kritisch betrachtet, da sie der Selbstbestimmung der Betroffenen entgegenstehen können. So weisen Ergebnisse aus der Gruppendiskussion mit Fachkräften auf entsprechende Ambivalenzen hin: „If the resident does not wish to proceed with the case or suffer [sic] from dementia, it will, according to the participants, offer a greater challenge" (Iversen et al. 2015: 3). Gleichzeitig

xualbiografie und ggf. einen sensiblen Umgang mit eigenen Gewalterfahrungen erlernen, um auch die eigenen Grenzen nicht zu überschreiten. Es ist zu vermeiden, eigene belastende Erlebnisse und Gefühle zu reaktivieren sowie Abwehrhaltungen gegenüber den Adressat*innen zu generieren.

verweisen Iversen et al. (2015: 3) darauf, dass sich die Diskussionsteilnehmer*innen darüber einig waren, dass Mitarbeiter*innen trotz eines potenziellen Vertraulichkeitskonfliktes angehalten sein sollten, der Leitung Fälle sexualisierter Gewalt zu berichten. Ramsey-Klawsnik et al. (2012: 404) geben jedoch zu bedenken, dass Mitarbeiter*innen es nicht als ihre Aufgabe ansehen könnten, über eine Anzeige hinaus Maßnahmen zu ergreifen, insbesondere dann nicht, wenn ein Fall nicht offiziell bestätigt wird. Sie wägen die ambivalenten Positionen wie folgt gegeneinander ab:

> We firmly uphold the right of abuse victims who have the capacity to make informed decisions to continue to live at risk, […] but we stress that such a preference should not become an easy excuse to back away from any attempt at intervention. (Ramsey-Klawsnik et al. 2012: 404)

Mit dieser Aussage betonen sie zudem das Recht von Betroffenen, ihre Erlebnisse nicht aufzudecken und auch nicht zur Anzeige bringen zu müssen, wenn sie diesen Prozess nicht durchlaufen möchten – aus welchen Gründen auch immer. Ein Anzeigesystem, das ausschließlich eine Strafanzeige zum Ziel hat, aber wenig Rücksicht auf die Wünsche der Betroffenen nimmt, beschneidet deren Selbstbestimmung. Gerade in Fällen von sexualisierter Gewalt ist es geboten, Selbstbestimmung und Kontrolle der Betroffenen zu stärken, auch um eine Reviktimisierung zu vermeiden: „Older victims may choose not to report their sexual abuse experience for a number of reasons. Stigma and fear may keep some victims from reporting“ (Payne 2010: 208). Gleichzeitig ist die willentliche Kooperation entscheidend für den weiteren Verlauf eines Falles. Ramsey-Klawsnik et al. (2012) weisen darauf hin, dass eines der Schlüsselelemente zur Bestätigung eines APS-Falles die Offenlegung (Disclosure) durch das Opfer selbst ist. Diese Offenlegung verkompliziert sich bei fehlender oder eingeschränkter Kommunikationsfähigkeit der Betroffenen. Wenngleich also ein obligatorisches Anzeigesystem keine ausreichende und/oder angemessene Lösungsstrategie darstellt, sind eindeutige organisationale Handlungsleitlinien dennoch notwendig, da eine Überforderung mit der Situation und entsprechende Handlungsunsicherheit der Mitarbeiter*innen eher dazu führt, dass keine weiteren Schritte eingeleitet werden. Dadurch können Mitarbeiter*innen – womöglich unbeabsichtigt – die Rolle von Bystandern einnehmen. Teil einer professionellen Ausbildung sollte es daher sein, solchen Situationen angemessen begegnen zu können:

> There is a well-known pattern of bystander apathy and bystander inaction in response to crime […]. However, one major difference is these ‚bystanders' [Mitarbeiter*innen] are not strangers who happen on a victim on the street. These bystanders are professionals charged with the care and protection of these residents. (Burgess et al. 2000a: 17)

Zugleich sollten soziale Organisationen wie stationäre Wohneinrichtungen Strukturen schaffen, die diese Professionalität gewährleisten können.

Neben den individuellen und organisationalen Bedingungen, die das Risiko vermindern oder erhöhen können, wird auch auf subtil wirkende gesellschaftliche Strukturen eingegangen, die sich als Risikofaktoren manifestieren. So werden „social denial, myths about sexual assaults of older adults, marginalization of vulnerable adults, and ageism“ (Baker et al. 2009: 80) als Faktoren genannt, die auf allen Ebenen unterschwellig wirken. Bereits Burgess et al. (2000a: 12) benennen ‚Ageism‘ als Grund für die Ignoranz gegenüber dem Thema und somit als Bedingungsfaktor für die Aufrechterhaltung riskanter Strukturen. Als weiteres ‚Problemfeld‘ identifizieren Baker et al. den Umgang mit Sexualität, wenn sie von „issues surrounding late-life sexuality, mutual consent, and sexual behaviour of nursing home residents“ (Baker et al. 2009: 80) sprechen. Damit sind Baker et al. (2009) die ersten, die auch die Sexualität der Bewohner*innen mit in den Blick nehmen und als eine Bedingung von Ignoranz gegenüber sexualisierter Gewalt diskutieren: Die unreflektierte Annahme, ältere Menschen seien asexuell, die sich als altersdiskriminierend[49] identifizieren lässt, korreliert demnach mit der Ignoranz von sexualisierter Gewalt insoweit, dass nicht in Betracht gezogen wird, dass ältere Menschen als Betroffene in Frage kommen, da sie als nicht sexuell begehrenswert angesehen werden:

> The social construction of ageism presumes that older adults are neither sexually attractive nor active, and that sexual relations are exclusively for the young population. Therefore, older adults are often seen as ‚non-sexual‘ and, consequently, are not believed to be potential targets of sexual abuse. (Goldblatt et al. 2022: 2753)

Die Erfahrung von Pflegefachkräften, die an einer Gruppendiskussion von Iversen et al. (2015: 4) teilnahmen, bestätigt diese Vermutung durch die Feststellung, dass mangelndes Wissen über die Sexualität älterer Menschen auch deren Sicherheit gefährde und ihr Wohlbefinden einschränke.[50] Dass sexuelles Wohlbefinden und sexuelle Gesundheit – auch in Form von positiv gelebter Sexualität – ein wichtiger Teil der allgemeinen Gesundheit eines Menschen sind, findet zwar seit einem zentralen Report der WHO hierzu im Jahr 2006 mehr Beachtung (vgl. WHO 2006), wird aber in Bezug auf ältere Menschen weiterhin vernachlässigt (vgl. Nobels et al. 2021: 2).[51] Mit Verweis auf Kapitel 2.2.1 und 2.2.3 lässt sich die komplexe Problematik dieser Annahme nicht

49 Hinzugefügt sei, dass sich hier nicht nur mit altersdiskriminierenden Grundhaltungen argumentieren lässt, sondern dass im Falle von pflegebedürftigen Personen auch ableistische Annahmen zum Tragen kommen. Das Vorurteil, dass Menschen mit Behinderung, die nicht dem gängigen und von den Medien kolportierten Schönheitsideal entsprechen, deshalb nicht als Betroffene sexualisierter Gewalt mitgedacht und in Betracht gezogen werden, basiert auf denselben – falschen und gefährlichen – Denk- und Wahrnehmungsmustern.

50 Siehe zum Zusammenhang von Sexualität älterer Menschen und sexualisierter Gewalt ausführlich Connolly 2012.

51 Nobels et al. (2018: e370) kritisieren grundsätzlich das unterkomplexe Verständnis von sexualisierter Gewalt, das in Politik, Praxis, aber insbesondere auch in der Forschung zu Elder Abuse vorherrsche.

nur als altersdiskriminierend (‚Alte Menschen sind nicht sexuell aktiv bzw. asexuell‘) und sexistisch (‚Nur (bestimmte) junge Frauen sind attraktiv und begehrenswert‘) markieren. Es zeigt sich hier auch die fehlgeleitete Annahme, die sexualisierte Gewalt sei durch sexuelles Begehren motiviert und nicht durch Machtbedürfnisse.

3.3.2 Forschungsdesiderate

Alle Artikel verweisen darauf, dass keine Prävalenzen von sexualisierter Gewalt in der stationären Altenhilfe bekannt sind, da bisher keine zuverlässigen Daten generiert werden konnten. Die bisherigen Angaben beruhen auf Schätzungen. Auch die Forschung zu sexualisierter Gewalt gegen ältere Menschen außerhalb des Settings der stationären Altenhilfe bleibt ungenügend: „In contrast to the increasing research on elder abuse and neglect, sexual violence in older adults remains a largely under-researched area“ (Nobels et al. 2018: e370).

In Berichten von Akteuren wie der WHO – die breit rezipiert und von anderen Wissenschaftler*innen aufgegriffen werden – wird geschätzt, dass 0,7 % der älteren Menschen von sexualisierter Gewalt (‚Elder Sexual Abuse‘) betroffen seien (vgl. WHO 2011: 19), wobei oftmals zugleich darauf hingewiesen wird, dass von einer hohen Unterschätzung auszugehen ist. Die Prävalenz von 0,7 % basiert auf den Angaben von Pillemer et al. (2016) und ist ein Mittelwert, der anhand von 18 internationalen Surveys aus verschiedenen Ländern zum Auftreten verschiedener Gewaltformen gegen ältere Menschen ermittelt wurde. Hier wird das Setting typologisiert nach häuslichem (‚community-dwelling‘), ambulantem oder stationärem Lebensraum der älteren Bevölkerung. Die von Pillemer et al. (2016) zusammengetragenen Studien enthalten jedoch ausschließlich Prävalenzdaten zu verschiedenen Formen von Gewalt gegen ältere Menschen, die in einem eigenen Haushalt leben, aus einem Einjahreszeitraum. Sie sind daher nicht auf institutionelle Settings übertragbar:

> Elder abuse prevalence in institutional settings is not covered because of the lack of research in this area; no reliable prevalence studies have been conducted of such mistreatment in nursing homes or other long-term care facilities. (Pillemer et al. 2016: 195)

In einer Meta-Analyse zu Prävalenzen von Elder Abuse speziell in institutionellen Settings ermitteln Yon et al. (2018: 61) eine Rate von 1,9 % für sexualisierte Gewalt in Einrichtungen der stationären Altenhilfe, von der durch Bewohner*innen berichtet wurde (Mittelwert anhand von drei gefundenen Studien) und 0,7 % für sexualisierte Gewalt in Einrichtungen der stationären Altenhilfe, über die von Mitarbeiter*innen berichtet wurde (ebenfalls Mittelwert anhand von drei gefundenen Studien).

Bei der Betrachtung von Prävalenzdaten zu sexualisierter Gewalt ist grundsätzlich eine hohe Unterschätzung aufgrund der mangelnden Dunkelfeldausschöpfung sowie geringer Aufdeckungs- und Anzeigebereitschaft von Betroffenen auszugehen. Dies gilt insbesondere für die hier fokussierten betroffenen älteren, pflegebedürftigen Frauen. Ein weiterer Grund für die geringe Aussagekraft bzw. Vergleichbarkeit der bisher verzeichneten Daten zu sexualisierter Gewalt gegen ältere Menschen – und dies lässt sich auf den Fall älterer Bewohner*innen stationärer Altenhilfe übertragen – ist eine methodische Ungenauigkeit, die lange Zeit üblich war: In Surveys der gerontologischen Gewaltforschung (‚Elder Abuse Research') wurde ‚sexualisierte Gewalt' häufig nicht als eigenständige (Sub-)Kategorie verzeichnet, sondern unter physische Gewalt subsumiert:

> The small percentage of sexual abuse reported in studies of elder abuse may be due to the fact that many categorize sexual abuse under physical abuse when they report acts of abuse. This has hindered systematic studies of sexual abuse. (Malmedal et al. 2015: 2)

Diese mangelnde Differenzierung hat jedoch nicht nur die genannten forschungserschwerenden Konsequenzen. Das Subsumieren sexualisierter Gewalt unter die Kategorie ‚physische Gewalt' hat zudem in mehrfacher Hinsicht folgenreiche Implikationen für das Verständnis von sexualisierter Gewalt, die als Subtext vermittelt werden: Erstens wird durch die mangelnde kategorische Eigenständigkeit die Bedeutung sexualisierter Gewalt – mit spezifischen Ursachen, Wirkungen und Folgen – in Abgrenzung zu anderen Formen von Gewalt verkannt und marginalisiert (und folglich auch nicht untersucht). Zweitens werden nicht-physische Formen sexualisierter Gewalt – vor allem verbale und psychische Erscheinungsformen – ignoriert und mithin geleugnet, wenn sexualisierte Gewalt nur als eine nicht explizit nennenswerte Unterkategorie physischer Gewalt verstanden wird (vgl. Görgen/Nägele 2003: 6).

Kritikwürdig sind außerdem die diffuse Verwendung und geringe Differenzierung des Begriffs ‚sexualisierte Gewalt' selbst. In den meisten Untersuchungen wird die vom National Center on Elder Abuse (NCEA) vorgeschlagene Definition „non-consensual sexual contact of any kind" verwendet, die meist ohne weitere Erläuterung eingeführt wird und somit diffus bleibt. Wie in Kapitel 2.2.3 gezeigt, werden durch ein rein strafrechtliches Verständnis sexualisierter Gewalt – von dem man ausgehen kann, wenn vor allem Hellfeldakten betrachtet werden – viele Formen sexualisierter Gewalt nicht erfasst. Nobels et al. (2018: e370) kritisieren dieses unterkomplexe und eingeschränkte Verständnis sexualisierter Gewalt gegen ältere Menschen. Zu seiner Überwindung schlagen sie ‚Sexual Neglect' als zusätzliche Kategorie für die oben beschriebene Typologie von Elder Abuse Research vor, um die Vernachlässigung der Sexualität und damit die Beschneidung der sexuellen Rechte älterer Menschen benennbar zu machen. Der Begriff entstammt einer kanadischen Handlungsleitlinie gegen Elder Abuse, in der Sexual Neglect definiert wird als

„a failure to provide privacy, a failure to respect a person's sexual orientation or gender identity, treating older adults as asexual beings and/or preventing them from expressing their sexuality, etc." (CIUSSS et al. 2017: o.S.; siehe hierzu ausführlich auch Rimbach/Römisch 2023). Eine Studie von Nobels et al. (2021), in der ein erweitertes Verständnis von sexualisierter Gewalt gegen ältere Menschen zugrunde gelegt wird[52], hat entsprechend eine deutlich weitere Verbreitung zu Tage gebracht als alle bisherigen Studien: In der belgischen Prävalenzstudie wurde für eine 12-monatige Zeitspanne festgestellt, dass 9 % älterer Menschen von sexualisierter Gewalt betroffen waren.[53]

Die Ermittlung der Verbreitung hängt also in hohem Maße von Faktoren wie den zugrunde liegenden Begriffsdefinitionen und den herangezogenen Datenquellen ab. Sollen sie als Indikator für ein Handlungsdesiderat dienen, sind die bisher bekannten Zahlen in Zweifel zu ziehen, da von einer deutlich höheren tatsächlichen Verbreitung auszugehen ist. Gleichzeitig sind die vorliegenden Zahlen – mögen sie auch verhältnismäßig niedrig erscheinen – immerhin der Beleg dafür, dass das Phänomen sexualisierter Gewalt gegen ältere Menschen in Einrichtungen der stationären Altenhilfe existiert.

3.4 Zwischenfazit

Das Phänomen sexualisierter Gewalt in der stationären Altenhilfe existiert und ist in den meisten Fällen gegen Frauen gerichtet. Obwohl keine verlässlichen Prävalenzdaten vorliegen, besteht Einigkeit darüber, dass es sich um ein besonders unterschätztes Dunkelfeld handelt, da ein großer Anteil von Fällen nicht berichtet wird und verdeckt bleibt. Im Vergleich zu anderen Formen von ‚Elder Abuse' ist ‚Elder Sexual Abuse' die am wenigsten (an-)erkannte, angezeigte, verfolgte und erforschte Form von Gewalt gegen ältere Menschen. Es handelt sich also um ein stark vernachlässigtes Problemfeld, was von allen recherchierten Artikeln bestätigt wird.

Dies macht deutlich, dass es sich um ein dringend untersuchungswürdiges Phänomen handelt, wobei der Zugang aufgrund verschiedener Faktoren (u. a. ethische Bedenken, Kooperationsfähigkeit der Adressat*innen, Kooperations-

52 In ihrer Prävalenzstudie inkludieren sie dieses erweiterte Verständnis in ihre Definition von ‚sexual violence' (SV): „We adopted the WHO definition of SV, which includes different forms of sexual harassment without physical contact (hands-off SV), sexual abuse with physical contact but without penetration and (attempted) rape (hands-on SV). This definition was expanded to include sexual neglect, as a result of recent insights in the field of SV in older adults" (Nobels et al. 2021: 2).

53 Bemerkenswert ist außerdem, dass unter den Befragten (513 Personen im Alter von 70 Jahren oder älter) auch die Betroffenheit über die gesamte Lebenspanne abgefragt wurde: 44,2 % der Befragten gaben an, mindesten einmal in ihrem Leben von sexualisierter Gewalt betroffen gewesen zu sein.

wille weiterer Beteiligter) mit großen Herausforderungen verbunden ist. Die allgemeine Missachtung des Themas kann u. a. auf altersdiskriminierende (vgl. Baker et al. 2009: 80) und, wie gezeigt wurde, auch sexistische Haltungen zurückgeführt werden. Diese sind wiederum Resultat komplexer, tiefgreifender Gesellschaftsstrukturen, die Ignoranz und Schweigen in Fällen sexualisierter Gewalt gegen pflegebedürftige alte Frauen Vorschub leisten. Es können weitere Ursachen vermutet werden, die auf multidimensionale Risiko- und Vulnerabilitätsfaktoren zurückzuführen sind. Neben den genannten gesellschaftlichen Ursachen stellen zahlreiche Umweltfaktoren der stationären Altenpflege ein erhöhtes Risiko der sexuellen Viktimisierung von Frauen im Fünften Alter, die in der stationären Altenhilfe leben, dar. Diese Risiken werden in der Literatur zwar zum Teil benannt, aber bisher kaum eingehend untersucht oder systematisiert. Es handelt sich dabei u. a. um spezifische Machtstrukturen der Abhängigkeit zwischen Pfleger*innen und pflegebedürftigen Personen, unzureichende Schutzkonzepte und Leitlinien der Einrichtung, institutionelle Kulturen eines ungeschützten Raumes, in dem sich Betroffene nicht äußern können oder nicht ernst genommen werden, mangelndes Wissen sowie fehlende Handlungskompetenzen hinsichtlich sexualisierter Gewalt seitens der Fachkräfte, fehlender Zugang zu niedrigschwelligen Beratungs- und Unterstützungsangeboten, unqualifiziertes bis hin zu (wegen Sexualstraftaten) vorbestraftes Personal, das Zusammenleben mit anderen pflegebedürftigen, oftmals demenzerkrankten Bewohner*innen, die u. a. aufgrund dieser Demenz ein erhöhtes Täterpotenzial haben können.

Neben diesen Umgebungsfaktoren gibt es auch die Verletzungsoffenheit von pflegebedürftigen alten Frauen verstärkende Faktoren. Abgesehen von alters- und krankheitsbedingt zunehmenden Einschränkungen, die eine grundsätzliche physische und psychische Verletzungsoffenheit vergrößern, wurde die Biografie als Vulnerabilitätsfaktor bisher vernachlässigt. Es finden sich bisher keine Überlegungen aus dieser Perspektive, in der die Erfahrungen der Betroffenen in den Mittelpunkt gestellt und davon ausgehend Handlungsstrategien entwickelt werden.

Durch die Analyse der Studien hat sich gezeigt, dass die Mitarbeiter*innen mit Blick auf die Aufklärungs- und die Präventionsarbeit eine zentrale Rolle spielen. Hier sind insbesondere ihre Haltung sowie ihr Wissen über sexualisierte Gewalt entscheidend. Dementsprechend ist es ein wichtiger Ansatzpunkt für die Soziale Arbeit, durch Schulungen und Weiterbildungen für das Thema zu sensibilisieren. Gleichzeitig ist zu berücksichtigen, dass die Organisationen die Strukturen schaffen, die professionelles Handeln ermöglichen oder behindern vermögen. Dementsprechend können Fachkräfte den genannten Anforderungen nur gerecht werden, wenn hierfür die strukturellen – aber auch die zwingend erforderlichen gesellschaftlichen – Bedingungen geschaffen werden.

4 Herausforderungen für die Soziale Arbeit

Der Gegenstandsbereich der Sozialen Arbeit ist im weiten Sinne das „Verhindern und Bewältigen sozialer Probleme“ (Engelke et al. 2016: 20). Folgt man Engelke et al. (2016: 20), ist es Aufgabe der Sozialen Arbeit als Disziplin, soziale Probleme und die Möglichkeiten, sie zu verhindern bzw. zu bewältigen, mittels wissenschaftlicher Erkenntnis- und Forschungsmethoden zu analysieren. Dieses durch die Disziplin generierte Wissen ist wiederum notwendige Voraussetzung für professionelles Handeln und bedarf einer fall- und kontextbezogenen Relationierung der Fachkräfte (vgl. Dewe/Otto 2012: 210). Professionalität im beruflichen Handeln ist demnach durch die Gleichzeitigkeit von Theorie- und Fallverstehen gekennzeichnet und die Soziale Arbeit als Profession kann mit Engelke et al. als die „tätige Antwort auf soziale Probleme“ (Engelke et al. 2016: 21) gefasst werden. Damit bezieht sich die Soziale Arbeit sowohl als Disziplin als auch als Profession auf soziale Probleme, verfügt jedoch über kein geteiltes Verständnis davon, wie soziale Probleme zu bestimmen sind. Auf Basis einer umfassenden Zusammenstellung zahlreicher Definitionen hat Groenemeyer (2012) drei Merkmale herausgearbeitet, die soziale Probleme im Wesentlichen kennzeichnen: (1) der Schaden, den soziale Probleme darstellen, bzw. das Leiden, das mit sozialen Problemen verbunden ist, (2) die Bedeutung der öffentlichen Thematisierung und Problematisierung des sozialen Problems und (3) die Aufforderung zur Bearbeitung oder zur Lösung des sozialen Problems (vgl. Groenemeyer 2012: 28 f.).

In den vorangegangenen Kapiteln wurden sexualisierte Gewalt gegen Bewohnerinnen der stationären Altenhilfe und ihre Folgen für die Betroffenen als soziales Problem markiert und analysiert. Daran anschließend thematisieren die folgenden Ausführungen zwei exemplarische Herausforderungen und daraus resultierende Handlungsmöglichkeiten der Sozialen Arbeit: Zum einen die Politisierung (4.1), um das soziale Problem der sexualisierten Gewalt gegen Bewohnerinnen der stationären Altenhilfe als politisches und damit öffentliches, gesellschaftlich relevantes Thema zu etablieren. Zum anderen Schutzkonzepte (4.2), um Ansätze aufzuzeigen, die eine Veränderung in Organisationen der stationären Altenhilfe bewirken und damit einen Beitrag zur Verhinderung und Bearbeitung des sozialen Problems sexualisierter Gewalt gegen Bewohnerinnen leisten können.

4.1 Politisierung

Körper, Geschlecht und Sexualität sind politisch – dies zeigt nicht erst das jahrzehntelange Ringen um das Abtreibungsgesetz, die Sexualstrafrechtsreform oder die gleichgeschlechtliche Ehe. Dieser Annahme folgend ist auch sexualisierte Gewalt als Politikum zu werten und im Sinne Groenemeyers (2012: 29) öffentlich zu thematisieren und zu problematisieren. Deshalb fordern die Autorinnen die Politisierung des Themas sexualisierter Gewalt im Sinne eines kollektiven Umgangs, der über die oft geäußerte Betroffenheitsrhetorik politischer Amtsträger*innen hinausgeht und sexualisierte Gewalt als das anerkennt, was sie ist: ein tief verwurzeltes Phänomen bzw. soziales Problem. Hier sind u. a. politische Maßnahmen im Sinne einer Querschnittsaufgabe gefragt, die die kollektive Verantwortung für sexualisierte Gewalt anerkennen, die ernsthafte Täter*innen- und Bystander-Prävention[54] voranbringen und zugleich die solidarische Unterstützung, die über bloße Lippenbekenntnisse hinausgeht, zur Aufarbeitung mit Betroffenen und Täter*innen zeigen.

Ausgangspunkt der Forderung nach einer Politisierung ist folgender: Sexualisierte Gewalt, die gegen ein Individuum verübt wird, sollte auch als Missachtung gesellschaftlicher Werte gedeutet werden und die Betroffenheit bzw. Aufarbeitung des Falls darf nicht nach der Klärung von Einzelfällen

54 Während es für die Kindheits- und Jugendphase etliche Angebote sexueller Bildung gibt, so dünnt sich das Feld mit steigendem Alter der Adressat*innen deutlich aus; sexuelle Bildung für alte und hochaltrige Menschen gibt es in programmatischer Weise bislang im deutschsprachigen Raum nicht (vgl. Wagner/Wichers 2021: 307). Gleichwohl kann auch für die sexuelle Bildung in Schulen noch nicht von einem flächen- und bedarfsdeckenden Angebot gesprochen werden (vgl. Siemoneit/Windheuser 2021: 246 ff.); im Gegenteil: es formieren sich immer wieder Gegenbewegungen, die sexuelle Bildung als ‚Frühsexualisierung' von Heranwachsenden diffamieren und in ihr den Werteverfall der Gesellschaft erkennen (vgl. Siemoneit/Verlinden 2023: 131). Nach Überzeugung der Autorinnen würde eine ernsthaft betriebene Täter*innen- und Bystander-Prävention zuvorderst dort ansetzen, wo Annahmen und Einstellungen, die sexualisierte Übergriffe beeinflussen, erstmalig auftauchen und sich etablieren: im Kindes- und Jugendalter (vgl. Stein-Hilbers 2000: 62 ff.). Hier ließen sich sowohl über eine schulische, fächerübergreifende sexuelle Bildung als auch über sexuelle Bildungsangebote in außerschulischen, non-formalen Settings relevante Haltungs-, Handlungs- und Wissensfragen klären, die wiederum nachhaltig zur Reduktion sexualisierter Gewalt beitragen würden. Erste Studien zur Wirksamkeit sexualpädagogischer Bildungsangebote, die gezielt das Thema sexualisierte Gewalt und die Eigenverantwortung als potenzielle*r Bystander adressieren, konnten die Reduktion von Annahmen, die sexualisierte Gewalt bagatellisieren, bei den Teilnehmer*innen belegen (vgl. u. a. Kettrey/Marx 2019). Hinsichtlich der Wirkungen sexueller Bildungsangebote in der Kindheit und Jugend wären Langzeitstudien weiterführend, die die Effekte solcher Bildungsmaßnahmen evaluieren. Sexuelle Bildung braucht nach Auffassung der Autorinnen (1) eine alle Lebens-, Bedürfnis- und Entwicklungsphasen abdeckende Angebotsstruktur und (2) eine thematische Erweiterung der ‚klassischen Sexualaufklärung', bei der es zum Thema sexualisierte Gewalt meist noch an der Diskussion und Reflexion von Konsens, Verantwortung, Geschlechtergerechtigkeit, Männlichkeits- und Weiblichkeitszuschreibungen, gesellschaftlichen Machtverhältnissen, Umgang mit stereotypisierten, unrealistischen Darstellungen in pornografischen Materialien etc. mangelt.

abebben. Aus dieser Perspektive kann der Anspruch formuliert werden, sexualisierte Gewalt als etwas anzuerkennen, das kollektiv alle Menschen einschränkt und – mit Blick auf verschiedene Polarisierungs- und Deutungssysteme sexualisierter Gewalt (beispielsweise Victim Blaming, Tabuisierung sexualisierter Gewalt gegen vulnerable Personengruppen) – auch zu spalten vermag. Folglich sollte jeder Fall sexualisierter Gewalt, von der in der Mikrobetrachtung nur eine einzelne Person betroffen zu sein scheint, auf der Makroebene als Übergriff gegen alle Menschen der Gesellschaft bewertet werden. Dies mag bei dem Problemfeld sexualisierter Gewalt gegen Kinder bereits recht gut gelingen – hier herrscht gesamtgesellschaftlich Einigkeit, dass sich sexuelle Annäherungen an Kinder verbieten. Was sexualisierte Übergriffe gegen andere vulnerable Personengruppen angeht, insbesondere ältere und alte Menschen, so sucht man einen breiten (Verbots-)Diskurs hierzu vergebens (vgl. u.a. Bows 2019). Die Politik hat es verpasst, auch das Sujet sexualisierte Gewalt gegen ältere Frauen in den allgemeinen Diskurs zu sexualisierter Gewalt einzubringen. Mit der Praxis der Nicht-Thematisierung sexualisierter Gewalt gegen alte Menschen im öffentlichen Raum geht eine „Epistemic injustice“ (Fricker 2007), eine hermeneutische Ungerechtigkeit, einher. Kavemann et al. (2022) brachten die Theorie der hermeneutischen Ungerechtigkeit in den Diskurs um sexualisierte Gewalt gegen Kinder ein, die sich auch auf den Kontext sexualisierter Gewalt gegen Frauen im Fünften Alter anwenden lässt. Mit hermeneutischer Ungerechtigkeit ist eine Form struktureller Diskriminierung von Menschen gemeint, die für das, was sie erleben, keine Worte haben, da sie ihnen nicht beigebracht wurden, es keine gibt bzw. die Betroffenen ihr Erleben nicht in ihrem Lebenskontext repräsentiert sehen und daher ihr Erleben als irrelevant einordnen (vgl. Fricker 2007: 149). Die sexualisierte Gewalt, die Frauen im Fünften Alter erleben (müssen), ist in ihrer lebensweltlichen Sprachpraxis nicht mit ihnen und ihrem Alter verkoppelt, da sie meist nur auf Kinder, Jugendliche und junge Frauen angewendet wird. Nur eine entschiedene Anerkennung der sexualisierten Gewalt, die sie sichtbar und artikulierbar macht, kann die hermeneutische Ungerechtigkeit reduzieren (vgl. Kavemann et al. 2022: 145). Diese Anerkennung bedeutet, so Kavemann et al. (2022: 145), auch die Anerkennung der dramatischen Erfahrung der Betroffenen, die Anerkennung des Leids und der Bewältigungskraft zum Umgang mit dem Leid, die Anerkennung des Fakts, dass Unrecht geschehen ist, und die klare Mitteilung, dass die Tat und das Erleben nicht in Zweifel gezogen werden. Diese Anerkennung können den betroffenen Frauen im Fünften Alter auf individueller Ebene beispielsweise An- und Zugehörige sowie Fachkräfte entgegenbringen, sie sollte jedoch auch auf politischer Ebene erfolgen, um hermeneutische Ungerechtigkeit abzubauen. Die individuelle Anerkennung kann den betroffenen Personen unmittelbar durch den Kontakt zu ihnen nahestehenden Menschen und so scheinbar leichter entgegengebracht werden. Die Politik benötigt durch ihre Distanz zu den Betroffenen eine deutlich klarere Verantwortungs- und Anerkennungspraxis, um diese zu erreichen.

Für betroffene Kinder wurde auf politischer Ebene durch die Einrichtung der Stelle der bundespolitischen unabhängigen Beauftragten für Fragen des sexuellen Kindesmissbrauchs (UBSKM)[55] ein erster begrüßenswerter Schritt zum Abbau hermeneutischer Ungerechtigkeit gemacht. Im Hinblick auf von sexualisierter Gewalt betroffene Erwachsene sollte die UBSKM jedoch entweder ihre Perspektive öffnen oder es sollte eine äquivalente Behörde für andere Betroffenengruppen berufen werden, da aktuell ausschließlich die Aufarbeitung sexualisierter Gewalt, welche in Kindheit und Jugend erlebt wurde, fokussiert wird. Die Aufforderung der UBSKM, Schutzkonzepte gegen sexualisierte Gewalt zu entwickeln und zu etablieren, die sich bisher vornehmlich an Schulen zum Schutz ihrer Schüler*innen richtet, könnte durch die Ausweitung der Adressat*innengruppe auch generell an alle sozialen Organisationen ergehen. Damit wären auch Einrichtungen der stationären Altenhilfe verpflichtet, Schutzkonzepte für ihre Bewohner*innen vorzulegen (siehe hierzu Kapitel 4.2). Gefragt ist also eine staatlich gerahmte Programmatik, die insbesondere die spezifische Vulnerabilität von Menschen im Fünften Alter in den Blick nimmt. Dies würde auch der Forderung der „UNECE-Ministerkonferenz über das Altern“ (UNECE Ministerial Conference 2017) entsprechen, die Politik habe das Altern in Würde zu gewährleisten, indem sie Gewalt und Misshandlungen verhindert:

> We are also cognizant that policies on health and welfare of older persons in many member States need to be complemented with measures aimed at empowering older persons, particularly older women, safeguarding their dignity and preventing all forms of discrimination, abuse, violence and neglect. (UNECE Ministerial Conference 2017: 3)

In diesem Aufruf wird die spezifische Schutzbedürftigkeit älterer Frauen deutlich hervorgehoben und die Politik als gewährleistendes Organ adressiert. Ob die deutsche Politik der Aufforderung, eine UN-Altenrechtskonvention aktiv anzustreben, mit zu verfassen und zu ratifizieren, in Zukunft nachgekommen wird, wird sich zeigen. Die entsprechenden Absichtserklärungen der inzwischen regierenden Parteien von 2021 lassen hoffen (vgl. BAGSO 2021).

Auch aus (gesundheits-)ökonomischer Perspektive kommt der Verhinderung sexualisierter Gewalt eine große Relevanz zu. Studien zu den Folgen sexualisierter Gewalt weisen auf die hohen Folgekosten hin. So schätzt beispielsweise eine Studie des Europäischen Instituts für Gleichstellungsfragen

55 Diese Stelle ist das Ergebnis zähen, jahrzehntelangen Drängens von Betroffenenverbänden und (feministischen) Akteur*innen und Fachberatungsstellen, aber auch die Reaktion auf das Bekanntwerden der hohen Fallzahlen sexualisierter Gewalt in pädagogischen Einrichtungen wie dem Odenwald-Internat oder dem Canisiuskolleg 2010 zu deuten. Bedauerlicherweise ist diese staatliche Stelle allerdings nicht weisungs- und handlungsbefugt. Eine Ausweitung der Machtbefugnisse dieser Behörde, so dass die Ergebnisse der UBSKM auch in ihren Handlungsaufforderungen wirkmächtiger wäre, ist erstrebenswert.

(EIGE) die Kosten infolge geschlechtsspezifischer Gewalt für Gesundheitssystem, Justiz, Polizei und Arbeitsmarkt in Deutschland auf ca. 54 Milliarden Euro pro Jahr (vgl. EIGE 2021: 22). Auf diese hohen Summen würde auch ein politischer Ansatz reagieren können, der sexualisierte Gewalt stärker als Thema der öffentlichen Gesundheit bzw. der „Public Health“[56] anerkennt (vgl. Butchart et al. 2019; McCartan et al. 2015). Durch das interdisziplinäre Zusammenwirken des Public-Health-Ansatzes mit einer entsprechenden intersektionalen Gesundheitspolitik-Agenda könnten die folgenden Forderungen erfüllt werden: (1) die Aufstockung der Forschungsförderung zu evidenzbasierten Präventionsmaßnahmen, (2) die Ausweitung von spezialisierten Psychotherapieangeboten für Betroffene und Täter*innen (besonders im Sinne der Rückfallprophylaxe), (3) die Anpassung der Ausbildungsinhalte von Fachkräften aus allen sozialen, pädagogischen und medizinischen Sektoren hinsichtlich sexualisierter Gewalt und deren Verhinderung, (4) die Ratifizierung einer UN-Altenrechtskonvention sowie (5) alters- und geschlechtsspezifische sexuelle Bildung als Präventionsmaßnahme.

Diese Liste ließe sich durch Maßnahmen erweitern, die sich mit steigendem gesellschaftlichem Interesse an der Thematik leichter umsetzen ließen, um die Politisierung und politische Bewusstwerdung bezüglich sexualisierter Gewalt gegen Frauen im Fünften Alter voranzutreiben.

4.2 Schutzkonzepte

Durch Erfahrungen sexualisierter Gewalt hervorgerufene Traumata und der gesellschaftliche Umgang mit ihnen stellen häufig eine große Herausforderung für die Betroffenen dar. Sie beeinflussen ihr gesamtes Leben und Erleben und können im Falle von manifestierten Traumatisierungen nachhaltige Folgen haben. Umso wichtiger sind präventive Bemühungen, um sexualisierter Gewalt in Einrichtungen der stationären Altenhilfe möglichst frühzeitig und effektiv zu begegnen. Dabei gilt es die „Täter-Opfer-Institutionen-Dynamik“ (Wolff 2014: 101) zu berücksichtigen, sprich, das „Zusammenwirken zwischen personengebundenen, organisationsbezogenen und systembezogenen Faktoren“ (Wolff 2014: 101) zu analysieren und sowohl an der individuellen Professionalität als auch an der organisationalen Struktur anzusetzen. Vor diesem Hintergrund sind eindimensionale, kurzfristige oder formalistische Präventionsstrategien nicht erfolgversprechend. Neben der Notwendigkeit, ein integratives Präventionsverständnis zu entwickeln, das professionalisierende und strukturierende Mo-

56 Der Public-Health-Ansatz konzentriert sich auf die Sicherheit und den Nutzen von Präventions- und Interventionsmaßnahmen für eine größtmögliche Gruppe von Menschen und entwickelt Lösungen vor dem Hintergrund aktueller Erkenntnisse aus Medizin, Epidemiologie, Soziologie, Psychologie, Kriminologie, Pädagogik und Ökonomie für das jeweils anvisierte Problem.

mente beinhaltet, gilt es eine alleinige Fokussierung des Schutzaspektes zu vermeiden. So droht Sielert zufolge die Debatte in zweierlei Hinsicht zu vereinseitigen: „Zum einen ist mehr von Gewalt als von Sexualität die Rede, zum anderen mehr von Kontrolle als von […] Bildung“ (Sielert 2014: 111). Mit Blick auf die allgemeine Debatte um Schutzkonzepte muss gleichwohl auch konstatiert werden, dass diese in den verschiedenen Handlungsfeldern der Sozialen Arbeit einen unterschiedlichen Stellenwert eingenommen hat. Röder und Pätzmann-Sietas (2018: 394) weisen zurecht darauf hin, dass es im Bereich der Kinder und Jugendlichen am Runden Tisch „Sexueller Kindesmissbrauch in Abhängigkeits- und Machtverhältnissen in privaten und öffentlichen Einrichtungen und im familiären Bereich“ auch eine Diskussion über Schutzkonzepte vor sexualisierter Gewalt in Einrichtungen gab. Eine vergleichbare Diskussion um und eine Entwicklung von Präventions- und Interventionsmaßnahmen wie im Kinderschutz haben im Bereich der Altenhilfe in diesem Ausmaß bisher nicht stattgefunden (vgl. Röder/Pätzmann-Sietas 2018: 394). Auch bei den gesetzlichen Regelungen zeigen sich Differenzen. So finden sich für die Kinder- und Jugendhilfe rechtsverbindliche Anforderungen, die im Bereich der Altenhilfe fehlen. Hirsch (2016: 81) weist in diesem Zusammenhang darauf hin, dass die „Charta der Rechte hilfe- und pflegebedürftiger Menschen“ (BMFSFJ/BMG 2014) zwar Auswirkungen auf manche Gesetzesveränderungen habe, jedoch keine Rechtsverbindlichkeit für sie besteht. Vor diesem Hintergrund werden im Folgenden allgemeine Bausteine von Schutzkonzepten beschrieben sowie konkrete Maßnahmen zur Prävention als integraler Bestandteil von Schutzkonzepten in der stationären Altenhilfe vorgestellt.

4.2.1 Bausteine eines Schutzkonzeptes

Die Grundidee eines institutionalisierten Schutzkonzeptes gegen sexualisierte Gewalt ist, dass Schutzprozesse integraler Bestandteil der alltäglichen Arbeit werden. In ihm werden die Bemühungen einer Einrichtung bzw. eines Trägers zur Prävention sexualisierter Gewalt, zur Intervention im Verdachtsfall sowie zur Aufarbeitung nach einem Vorfall gebündelt (vgl. Freck 2016: 183). Ein solches Schutzkonzept ist das Ergebnis eines längerfristigen und tiefgreifenden organisationalen Lernprozesses. Dabei bedarf es zum einen Maßnahmen, die bei den Adressat*innen der jeweiligen Einrichtungen mit ihren individuellen Vulnerabilitäts- und Resilienzfaktoren ansetzen. Zum anderen sind die Mitarbeiter*innen in den Blick zu nehmen, die beispielsweise durch breites Wissen über Sexualität und sexualisierte Gewalt sowie empathische Offenheit im Umgang mit diesen Themen zu einem umfassenderen Schutz beitragen können. Schließlich sind Bemühungen auf Einrichtungsebene nötig, um zu verhindern, dass organisationale Strukturen sexualisierte Gewalt begünstigen (z. B. durch autoritäre Leitungsstrukturen, fehlende Beschwerdesysteme oder mangelnde Kommunikations- und Reflexionsmöglichkeiten). Daran anschließend benötigen solche Schutzkonzepte einen ganzheitlichen und integrativen Ansatz, der auf Basis einer machtreflexiven Grundhaltung die einzelnen Maßnahmen zueinander in Beziehung setzt. So kann ein Konzept entstehen, „das Prävention und Intervention von sexualisierter Gewalt in der Einrichtung abbildet, systemisch in die Organisation einbindet und durch die jeweiligen Bausteine zum Wirken bringt" (Freck 2016: 184). Die Verantwortung für die Initiierung und Umsetzung eines solchen Schutzkonzeptes liegt bei der jeweiligen Leitung (vgl. Oeffling 2020: 169), wobei es jedoch wichtig ist, dass es ihr frühzeitig gelingt, die Mitarbeiter*innen zu motivieren und einen beteiligungsorientierten Entwicklungsprozess anzustoßen. So finden die Maßnahmen in der Praxis dann eine Anschlussfähigkeit, wenn von Beginn an alle Hierarchieebenen durch entsprechende Vertreter*innen und mitunter auch die Adressat*innen sowie ihre Angehörigen an der Entwicklung beteiligt werden. Zur Planung eines solchen Entwicklungsprozesses kann für die Konzipierung und Projektierung auf Ansätze aus den Bereichen Organisationsentwicklung bzw. Change Management zurückgegriffen werden (vgl. exemplarisch zur Organisationsentwicklung Gairing 2017 und zum Change Management Doppler/Lauterburg 2014). In einer sogenannten Prozess-Architektur wird der gesamte Ablauf des Entwicklungsprozesses beschrieben und die verschiedenen methodischen Arbeitssettings (Großgruppenverfahren, Workshops, Projektgruppen etc.) inklusive konkreter Arbeitsformen, terminierter Meilensteine sowie beteiligter Akteur*innen können ausgewiesen werden.

Ein Schutzkonzept ist somit weniger als ein festes Dokument zu verstehen, das im schlechtesten Falle in einer Schreibtischschublade lagert und kaum Praxisrelevanz hat. Es ist vielmehr das Ergebnis eines organisationalen Entwicklungs- bzw. Changeprozesses, der seinen Niederschlag in der alltäglichen Arbeit findet. Es setzt sich aus verschiedenen Bausteinen zusammen und funktioniert nur durch deren Kombination. Freck formuliert es pointiert: „Das Gesamtpaket ist mehr als die einzelnen Teile seiner Bausteine und wirkt im Gesamtzusammenhang" (Freck 2016: 191). Keine Einigkeit besteht in der Literatur darüber, welche Bausteine Teil eines solchen Konzeptes sind. Ausgangspunkt für die Entwicklung jedweder Schutzkonzepte ist jedoch die Analyse von individuellen Vulnerabilitäts- und Ressourcenfaktoren sowie organisationalen Risiko- und Potenzialfaktoren. Eine solche Gefährdungsanalyse ist als systematischer und ständiger Reflexionsprozess der Organisation zu gestalten. Sie legt offen, wo in der alltäglichen Arbeit Risiken bestehen, die die Ausübung von Machtmissbrauch begünstigen können, und welche Verbesserungen erforderlich sind, um dieses Risiko zu minimieren und mehr Handlungssicherheit für alle Akteur*innen in unsicheren Situationen herzustellen. Dabei ist zu beachten, dass die Analyse sowohl die Adressat*innen und Mitarbeitenden als auch die Organisationsstruktur und -kultur in den Blick nimmt. Hierfür können Umfragen, Interviews oder andere Instrumente zum Einsatz kommen. Ansatzpunkte bilden Themen wie der Umgang mit Nähe und Distanz, Körper und Sexualität, Macht und Machtmissbrauch in der Einrichtung im Allgemeinen sowie im Speziellen bei Verdachts- oder Vorfällen sexualisierter Gewalt. Diesbezüglich sind vorhandene oder fehlende Regeln und Verfahren sowie deren Einbettung ins Qualitäts- und Personalmanagement zu beleuchten. Während die Gefährdungsanalyse also den Ausgangspunkt für die Erarbeitung des Schutzkonzeptes bildet, gilt es, diese Analyse im weiteren Verlauf zu verstetigen. Auf diese Weise soll sich in der Organisation eine „Kultur der Achtsamkeit" etablieren (vgl. Wolff et al. 2018: 110), welche die „Identifizierung von sogenannten ‚schwachen Signalen'" (Eßer/Rusack 2020: 18) und damit die Verhinderung potenzieller Gefährdungen oder die Offenlegung von Erfahrungen sexualisierter Gewalt ermöglicht. Voraussetzung hierfür ist eine Sensibilität bezüglich der Komplexität und Vielschichtigkeit von Disclosureprozessen[57]. Zudem müssen alle Mitglieder der Organisation das Gefühl entwickeln, dass sie ihre Anliegen sowie Bedenken sanktionsfrei artikulieren können und diese dann auch Berücksichtigung finden. Dazu bedarf es zugänglicher und bekannter Ansprechpersonen, Thematisierungsräume und Beschwerdemöglichkeiten, die wiederum in ein Beschwerdemanagement eingebettet sein sollten.

Auf der Basis einer solchen Analyse individueller und organisationaler Faktoren gilt es zu vereinbaren, welche Schlussfolgerungen dies für ein Schutzkonzept mit sich bringt, das heißt, welche Präventions- oder Interventionsmaßnahmen notwendig sind, um mehr Schutz vor und mehr Handlungssicherheit im Fall von sexualisierter Gewalt zu gewährleisten (vgl. Wolff et al. 2018: 215). Neben der Gefährdungsanalyse und sich daran anschließenden Veränderungen gilt ein Verhaltenskodex als weiterer Baustein eines solchen Schutzkonzeptes. Verhaltenskodizes sind Vereinbarungen innerhalb der Organisation zum Umgang mit den Adressat*innen zum Schutz vor Machtmissbrauch. Dabei umfasst der Kodex sowohl allgemeine Formulierungen auf der Metaebene als auch konkrete Handlungsanweisungen zu speziellen Aspekten (vgl. Freck 2016: 196). Freck (2016: 196) zufolge erfüllt ein solcher Verhaltenskodex zwei Funktionen: Einerseits bietet er Orientierung für angemessenes Verhalten gegenüber den anvertrauten Menschen und andererseits schafft er einen Rahmen für das organisationale Handeln im Sinne der Prävention sexualisierter Gewalt.

Neben der Formulierung eines Verhaltenskodexes, der erwünschte Umgangsweisen festschreibt, bedarf es eines Interventionsverfahrens. Solche

57 Die Disclosureforschung ist unter anderem durch die Bemühung gekennzeichnet, „möglichst präzise fassbare und unterscheidbare Kategorien oder Muster von Offenlegungen zu identifizieren" (Christmann 2020: 266). Christmann (2020) verweist auf die von Alaggia (2004) beschriebene Typologie als ausdifferenzierten und empirisch gestützten Ansatz.

Verfahren regeln die Art und Weise des Umgangs mit Verdachtsfällen und Vorfällen sexualisierter Gewalt in einer Organisation und beschreiben konkrete Handlungsschritte (vgl. Freck 2016: 197). Hier wird also die Vorgehensweise formalisiert, sollte es in der Einrichtung zu einem Disclosureprozess kommen. Dafür ist es sinnvoll, „das eigentliche Zustandekommen und die Gestaltung von Disclosuresituationen unter der Berücksichtigung hemmender und förderlicher Faktoren als Element von bzw. Voraussetzung für Interventionen konkreter und ausführlicher zu thematisieren" (Christmann 2020: 271 f.). Dabei ist es unerheblich, ob es sich um die Offenlegung einer kürzlichen oder lang zurückliegenden Erfahrung sexualisierter Gewalt handelt. Ziel eines Interventionsverfahrens ist es, in einem solchen Disclosureprozess die organisationale Handlungsfähigkeit sicherzustellen und angemessene Schritte einleiten zu können. Hierfür sind Zuständigkeiten transparent zu klären, Schnittstellen zu externen Kooperationspartner*innen (Ärzt*innen, Therapeut*innen, Beratungsstellen etc.) auszuweisen sowie Melde- oder Dokumentationspflichten zu etablieren. Auch Angebote für die Betroffenen sowie für die Beschuldigten sind in das Interventionsverfahren zu integrieren, genauso wie für die Angehörigen der Betroffenen und im Falle von ‚Professional Sexual Misconduct' für die Kolleg*innen des*der Beschuldigten. Damit geht dieser Baustein des Schutzkonzeptes über die eigene Organisation hinaus und umfasst auch weitere Hilfeoptionen (vgl. Freck 2016: 198). In dessen Umsetzung gilt es, die möglichen schädigenden Konsequenzen von Disclosure für die Betroffenen immer im Blick zu behalten und sie bei allen Schritten der Intervention zu berücksichtigen, um eine sekundäre Viktimisierung zu verhindern.

Zum Abschluss eines Interventionsverfahrens gehört der Baustein der nachhaltigen Aufarbeitung, der durch die Reflexion des Geschehenen dafür sorgt, dass das Schutzkonzept analysiert und ggf. angepasst wird (vgl. Freck 2016: 200). Dabei wird gefragt, „an welcher Stelle des Schutzkonzeptes Maßnahmen [griffen bzw.] nicht griffen, wie die eigenen Schutzmaßnahmen bewertet werden und welche Erkenntnisse aus dem Vorfall gezogen werden können" (Freck 2016: 200). Je nach Bedarf ist eine Aufarbeitung im Team, mit den Adressat*innen oder der gesamten Einrichtung nötig. Neben der organisationalen Aufarbeitung gilt es die Betroffenen bei der Verarbeitung der Gewalterfahrung bestmöglich zu begleiten und zu unterstützen. Dies schließt die umfassende Begleitung und Unterstützung im Entscheidungsprozess bezüglich einer Strafanzeige und im Rahmen des Strafverfahrens mit ein.

Ein weiterer Baustein ist die Personalauswahl, -einarbeitung und -qualifizierung. Dabei geht es um Maßnahmen, durch die die Sicherstellung des Schutzes bei der Bewertung von fachlicher Kompetenz und persönlicher Eignung berücksichtigt wird (vgl. Freck 2016: 194). So sollte das Schutzkonzept zur Prävention von sexualisierter Gewalt bereits in der Ausschreibung sowie den Vorstellungsgesprächen thematisiert werden. Hierdurch signalisiert die Einrichtung, dass sie sich für den Schutz der anvertrauten Menschen verantwortlich fühlt, das Thema ernst nimmt und dazu eine eindeutige Haltung einnimmt. Für (potenzielle) Täter*innen hat dies einen Abschreckungseffekt, da diese Einrichtungen mit klarer Struktur und offener Kultur meiden (siehe hierzu Kapitel 2.3). Neben der Thematisierung bedarf es der Berücksichtigung im Rahmen der Einarbeitung. Die neuen Mitarbeitenden sollen dazu angeleitet werden, die Bausteine des Schutzkonzeptes in ihrer alltäglichen Arbeit sowie in den weiterführenden Mitarbeiter*innengesprächen zu verankern (vgl. Oeffling 2020: 179 f.). Um die Wirksamkeit von Prävention sexualisierter Gewalt zu gewährleisten, müssen sowohl neue als auch bewährte Fachkräfte weiter qualifiziert werden. Dabei geht es um die Vermittlung von Wissen rund um die Themen Sexualität, sexualisierte Gewalt und Disclosureprozesse, die Reflexion und Erweiterung von Kompetenzen im Umgang damit sowie die Entwicklung individueller Handlungsfähigkeit (vgl. Freck 2016: 201). Fort- und Weiterbildungsziel – so Freck – ist „sowohl die gezielte Reflexion der Praxis im Kontext neuer Wissensbestände als auch die Anwendung wissenschaftlicher Erkenntnisse sowie einer Analyse professioneller Handlungsstrategien“ (Freck 2016: 201). Sinnvoll und notwendig ist dabei die Verankerung kontinuierlicher und bedarfsorientierter Auffrischungen, in die wiederum Erkenntnisse der Gefährdungsanalyse einbezogen werden (vgl. Freck 2016: 202).

Neben Bausteinen, die in erster Linie die Organisationsstruktur oder die Fachkräfte in den Blick nehmen, sind auch Angebote nötig, welche die Adressat*innen in den Fokus rücken. Ziele solcher Informations-, Bildungs- und Empowermentangebote sind die Erweiterung ihres Wissensstandes, die Stärkung ihrer Kompetenzen sowie der Ausbau ihrer Autonomie. Hierfür müssen die Angebote der jeweiligen Zielgruppe angepasst sein, d. h., „sie sind altersspezifisch, geschlechtsspezifisch, beeinträchtigungsspezifisch, bildungsspezifisch, kulturspezifisch und auf die Anliegen unterschiedlicher sexueller Orientierungen ausgerichtet“ (BZgA 2015: 33). Dabei ist der Gedanke leitend, dass das Thema Schutz vor sexualisierter Gewalt auch die Frage nach einer förderlichen Sexualkultur mit einschließen muss (vgl. Eßer/Rusack 2020: 16). Schutzkonzepte vor sexualisierter Gewalt und Konzepte der sexuellen Bildung lassen sich nicht voneinander trennen, sondern bedingen sich gegenseitig und bedürfen einer abgestimmten Verknüpfung. So zeigen sich in Studien zum einen das gewaltpräventive Potenzial sexueller Bildungsangebote (vgl. Henningsen 2018: 565) und zum anderen eine erhöhte Häufigkeit von Offenlegungen im Kontext von Präventionsveranstaltungen (vgl. Christmann 2020: 270). Dieser knappe Verweis auf empirische Befunde unterstreicht eindrücklich die Bedeutsamkeit von Informations-, Bildungs- und Empowermentsettings als Baustein von ganzheitlichen und integrativen Schutzkonzepten.

4.2.2 Handlungsmöglichkeiten zur Prävention

Im Folgenden werden Präventionsmaßnahmen von sexualisierter Gewalt gegen Bewohner*innen als zentraler Teilaspekt institutionalisierter Schutzkonzepte im Handlungsfeld der stationären Altenhilfe im Hinblick auf ihre Strukturen, Inhalte und Innovationsbedarfe analysiert. Dabei wird deutlich, dass die Auseinandersetzung mit sexualisierter Gewalt und Schutzkonzepten in Einrichtungen der Erwachsenenhilfe zwar noch nicht mit der Offenheit und dem Nachdruck diskutiert wird, wie es im Bereich des Kinderschutzes der Fall ist. Gleichwohl gewinnt sie mehr und mehr an Bedeutung, sodass hier abschließend eine erste Bestandsaufnahme erstellt und einige Empfehlungen formuliert werden können.

Strukturen und Rahmungen von Präventionsmaßnahmen

Ein Schutzkonzept in einer Einrichtung der stationären Altenhilfe stellt ein System von organisations- und zielgruppenspezifischen Bausteinen zum Schutz der alten und pflegebedürftigen Menschen vor (sexualisierter) Gewalt dar. Damit sind einzelne Präventionsmaßnahmen als integrale Bestandteile eines ganzheitlichen und integrativen Schutzkonzeptes zu verstehen, für das es im Bereich der stationären Altenhilfe mehr oder weniger klare Regelungen und Rahmen gibt.

Inwiefern Einrichtungen bereits allgemeine Schutzmaßnahmen (Beschwerdemanagement, Zusammenarbeit mit externen Beratungsstellen, Schulungen, Aufklärung über Rechte, existierende Regeln und Schutzvereinbarungen) nutzen, ist eine zentrale Fragestellung des Forschungsprojektes „Sichere Orte? Schutzkonzepte im Pflegeheim für Demenzkranke“. Das Projekt wurde in den Jahren 2019 und 2020 am Institut für Sozial- und Organisationspädagogik der Universität Hildesheim in Kooperation mit der Deutschen Alzheimer Gesellschaft durchgeführt. Es zeigte sich, dass in den 176 befragten Einrichtungen bereits viele Schutzmaßnahmen etabliert sind und diese zudem als positiv bewertet werden (vgl. Oppermann/Schröder 2021: 173 ff.). Da in den einzelnen Bundesländern unterschiedliche gesetzliche Grundlagen existieren, werden im Folgenden exemplarisch die Strukturen des bevölkerungsreichsten Bundeslandes Nordrhein-Westfalen erläutert.

Grundlage ist hier das Wohn- und Teilhabegesetz (WTG) NRW, das sowohl die Rechte von älteren und pflegebedürftigen Menschen als auch von Menschen mit Behinderung umfasst. Das WTG löst das Bundes-Heimgesetz ab (§ 49 Abs. 2 WTG NRW). Zweck des Gesetzes ist es,

> die Würde, die Rechte, die Interessen und Bedürfnisse der Menschen, die Wohn- und Betreuungsangebote für ältere oder pflegebedürftige Menschen und Menschen mit Behinderung nutzen, vor Beeinträchtigungen zu schützen, die Rahmenbedingungen für Betreuungs- und Pflegekräfte positiv zu gestalten und die Einhaltung der den Leis-

tungsanbieterinnen und Leistungsanbietern obliegenden Pflichten zu sichern. Es soll älteren oder pflegebedürftigen Menschen und Menschen mit Behinderung ein selbstbestimmtes Leben gewährleisten, deren Mitwirkung und Mitbestimmung unterstützen, die Transparenz über Gestaltung und Qualität von Betreuungsangeboten fördern und zu einer besseren Zusammenarbeit aller zuständigen Behörden beitragen. (§ 1 WTG)

Somit dient das WTG NRW als sogenanntes Ordnungsgesetz, dessen Aufgabe zunächst die ‚Gefahrenabwehr' ist. Die in ihm festgelegten Standards sind als Mindestanforderungen zu verstehen, mit denen die in den Einrichtungen betreuten Menschen vor Gefahren geschützt werden sollen. Zum WTG NRW gibt es außerdem eine Durchführungsverordnung (WTG DVO), in der die im Gesetz angelegten Standards detaillierter ausformuliert werden.

Die Entwicklung von Schutzkonzepten für Bewohner*innen ist ein Resultat von Aushandlungsprozessen. In der Praxis stellt sich die Verantwortlichkeit der Träger auf Basis gesetzlicher Vorgaben i. d. R. als Ergebnis einer Aushandlung dar, wodurch sich ein komplexes System der Verantwortlichkeiten sowie ein Zusammenspiel unterschiedlicher gesetzlicher und trägerspezifischer Vorgaben ergibt. Ziel der Schutzkonzepte ist es, Einrichtungen und Dienste handlungsweisende Grundlagen für ihre Präventionsarbeit zur Verfügung zu stellen. Konkrete Handlungsmöglichkeiten zur Prävention von sexualisierter Gewalt gegen Bewohner*innen in stationären Altenhilfeeinrichtungen werden i. d. R. in sogenannten Präventionsordnungen festgelegt. Da sich solche Ordnungen der Träger nicht nur auf die Zielgruppe der älteren Menschen, sondern ebenso auf Kinder, Jugendliche und schutz- oder hilfebedürftige Erwachsene beziehen, sind hier für den Bereich der stationären Altenhilfe zahlreiche Analogien zu den obenstehenden Strukturen festzustellen.

Inhalte der Präventionsschulungen

Zur Konkretisierung der Präventionsmaßnahmen zur Verhinderung von und zum Umgang mit sexualisierter Gewalt gegen Bewohner*innen ist es weiterführend, ein besonderes Augenmerk auf die bisherigen Schulungsangebote zu richten, da die verschiedenen Träger durch die gesetzlichen Bestimmungen aufgefordert sind, eigene Curricula mit entsprechenden Schulungszielen, -inhalten und -umfängen zum Thema Prävention sexualisierter Gewalt zu entwickeln.[58]

58 Exemplarisch sei auch hier auf die Regelungen in NRW verwiesen. So heißt es in § 3 der Durchführungsverordnung des WTG: „(1) Einrichtungsleitung, Pflegedienstleitung und verantwortliche Fachkraft sind verpflichtet, sich entsprechend ihres Aufgabenspektrums auch in Fragen der Personalführung, Organisationsentwicklung, Qualitätssicherung einschließlich der Erlangung und Fortentwicklung *interkultureller, kultur- und geschlechtersensibler* Kompetenz *sowie Möglichkeiten der Vermeidung von Gewalt, Zwang* und freiheitsentziehender Maßnahmen regelmäßig fortzubilden; (2) Zur Umsetzung der Vorgaben des Absatz 1 ist die Leistungsanbieterin oder der Leistungsanbieter verpflichtet, der Einrichtungsleitung, Pflegedienstleitung und verantwortlichen Fachkraft *Gelegenheit zur Teilnahme an Veranstaltungen*

Wie auch in den Fort- und Weiterbildungsangeboten zur sexuellen Gewaltprävention der Kinder- und Jugendhilfe, gibt es im Bereich der stationären Altenhilfe ebenfalls kein einheitliches Fortbildungskonzept mit durchgängigen Mindestanforderungen. Zudem ist zu konstatieren, dass entsprechende Fort- und Weiterbildungsangebote nicht in ausreichendem Maße vorhanden sind. Angesichts der festgestellten mangelhaften Datenlage kann bezweifelt werden, ob es derzeit hinreichend qualifizierte Expertise zu dem Thema gibt. Die Inanspruchnahme von spezifischen Präventionsschulungen in der Altenhilfe ist somit vor allem abhängig von spezifischen Profilen und Anforderungen der Träger der jeweiligen Einrichtungen sowie vom Vorhandensein qualifizierter Fort- und Weiterbildungsangebote.

Die Vielfalt der Träger sowie die verschiedenen Regelungen in den einzelnen Bundesländern prägen die unterschiedlichen Konzepte der Präventionsmaßnahmen und die darin enthaltenen Schulungsangebote bzw. -pflichten. Eine Bestandsaufnahme dieser Strukturen würde den Umfang dieser Arbeit übersteigen. Sie markiert ein weiteres Desiderat, das den Ausgangspunkt weiterer Forschungen im Themenfeld bilden kann. Wie weit derzeit die Etablierung von Präventionsschulungen[59] in der Praxis stationärer Altenhilfeeinrichtungen vorangeschritten ist, ließe sich durch eine quantitative Erhebung eruieren; dies böte auch einen konkreten Ansatzpunkt für anstehende innovative Qualitätsentwicklungen im Handlungsfeld der stationären Altenhilfe, aus dem sich nicht zuletzt auch ein konkreter Auftrag für die Soziale Arbeit formulieren ließe.

Präventionsarbeit wird bisher an vielen Stellen „als Grundprinzip professionellen Handelns“ (Bistum Essen 2022: 74) integriert. In der Folge sind

berufsbegleitender Fort- und Weiterbildung zu geben. Die Leistungsanbieterin oder der Leistungsanbieter ist zudem verpflichtet, den Beschäftigten im Sinne des § 3 Absatz 4 des Wohn- und Teilhabegesetzes den Besuch von Fort- und Weiterbildungsmaßnahmen, die sie zur Erfüllung der ihnen übertragenen Aufgaben *nach dem jeweiligen Stand der fachlichen und wissenschaftlichen Erkenntnisse* benötigen, zu ermöglichen“ (§ 3 WTG, Hervorhebung durch Autorinnen).

59 Hier sei exemplarisch auf ein Curriculum der Bistümer Aachen, Essen und Münster sowie der Erzbistümer Köln und Paderborn aus dem Jahre 2016 verwiesen, in dem eine mögliche Konturierung von Präventionsschulungen zur Prävention von sexualisierter Gewalt nachzuvollziehen ist (vgl. Bistum Essen o. J.). Je nach Funktionsrolle werden die Schulungen in unterschiedlichen Umfängen und thematischen Zuschnitten konzeptualisiert. Gemeinsam ist dabei die Fokussierung auf vier Themenbereiche (Basiswissen und Recht, Reflexion und Sensibilisierung, Prävention und Intervention sowie Verantwortung und Aufgabe von Führungskräften). Dieses Curriculum lässt sich ergänzen durch die weiterentwickelte „Präventionsordnung NRW“, die am 01.05.2022 in den fünf katholischen Bistümern in Nordrhein-Westfalen neu in Kraft getreten ist. Nachvollzogen werden können die damit verbundenen konkreten Maßnahmen in der 36. Verlautbarung des Bischofs (04/2022) zur ‚Prävention gegen sexualisierte Gewalt an Minderjährigen und schutz- oder hilfebedürftigen Erwachsenen‘. Hier wird formuliert, dass „vor Gewalt, insbesondere vor sexualisierter Gewalt, geschützt werden“ (Bistum Essen 2022: 74) soll.

beispielsweise all jene Einrichtungen, die der bischöflichen Gesetzgebung unterliegen, aufgefordert, sexuelle Bildung als Bestandteil der professionellen Arbeit aufzunehmen und die Präventionsordnung verbindlich in ihr Statut zu übernehmen (Bistum Essen 2022: 74), um die damit verbundenen Strukturen und Prozesse „transparent, nachvollziehbar, kontrollierbar und evaluierbar" (Bistum Essen 2022: 74) zu gestalten.

Die Umsetzung eines umfassenden und im besten Falle partizipativ entwickelten institutionellen Gewaltschutzkonzeptes im Rahmen des Qualitätsmanagements z. B. auch im Rahmen spezieller Fort- und Weiterbildungen zur Prävention gegen sexualisierte Gewalt bleibt, so zeigen erste Rückmeldungen aus den Einrichtungen, bislang im Handlungsfeld der stationären Altenhilfe hinter den formulierten Ansprüchen zurück. Gründe hierfür sind vor allem fehlende Fallzahlen, die die Vertreter*innen der Verbände zur Rechtfertigung weiterer Schulungen in dem Feld benötigen, um die konkreten Bedarfe auch entsprechend wirtschaftlich abbilden zu können. Eine Integration des Themas in den Arbeitsalltag erscheint daher, auch wenn es ein „integraler Bestandteil" (Bistum Essen 2022: 74) sein soll, weiter schwierig. Hier zeigt sich vielmehr erneut die Notwendigkeit weiterer Forschungen in diesem Feld.

5 Fazit und Ausblick

Die vorangegangenen Ausführungen machen deutlich, dass die Forschung zu sexualisierter Gewalt sowie der professionelle Umgang aus der Perspektive Sozialer Arbeit im Kontext stationärer Altenhilfeeinrichtungen vielfältige Herausforderungen mit sich bringt. Fach- und Leitungskräfte stehen hier in der Verantwortung, sexualisierte Gewalterfahrungen der Adressat*innen stets mitzudenken, entsprechende Sensibilität zu zeigen, aber auch konkrete Strategien zum Schutz vorzuhalten. Dies ist nicht ohne Kontextualisierung möglich, da die Beschäftigung mit der Lebensphase des Fünften Alters immer auf menschliche Veränderungsprozesse in der Lebensspanne verweist. Diese wird von vielen Faktoren – auch früherer Lebensabschnitte – beeinflusst, beispielsweise von Zuschreibungen sowie inter- und intraindividuellen Variabilitäten (z.B. im Hinblick auf die geistige Leistungsfähigkeit, Persönlichkeitsmerkmale und Bewältigungsstrategien), welche die Heterogenität dieser Lebensphase prägen. Die Lebensphase des Fünften Alters stellt an sich schon eine komplexe Lernherausforderung hinsichtlich der oftmals notwendigen Annahme von Sorge- und Pflegeleistungen dar. Insbesondere die heute in den Pflegeeinrichtungen lebenden Kriegs- und Nachkriegskinder konnten das Artikulieren eigener Bedürfnisse und das Setzen von Grenzen kaum lernen. Vor diesem Hintergrund zeigen sich im individuellen Umgang viele Unterschiede, z.B. in der Deutung sexualisierter Gewalt und im Hinblick auf eigene Verarbeitungsmöglichkeiten und -grenzen. Die fehlende Thematisierung durch die Betroffenen selbst ist jedoch keine Rechtfertigung für die Gesellschaft, sexualisierte Gewalt gegen ältere Menschen (in der stationären Altenhilfe) zu ignorieren. Welches Ausmaß die gesellschaftliche Ignoranz hierbei hat, zeigt sich im aktuellem Forschungsstand. So lässt keine der in das Scoping Review einbezogenen Studien unerwähnt, dass es sich um ein extrem vernachlässigtes und tabuisiertes Problemfeld mit immensem Forschungsmangel handelt – obwohl bereits (auch ohne belastbare Prävalenzdaten) hinreichend nachgewiesen wurde, dass eine intolerable Anzahl von Fällen sexualisierter Gewalt gegen Bewohner*innen stationärer Altenhilfe existiert (vgl. Abner et al. 2016: 3). Die Soziale Arbeit ist gut beraten, sich des Phänomens verstärkt anzunehmen, es aber nicht nur konzeptionell und methodisch aufzugreifen, sondern auch die älteren Menschen in den Pflegeeinrichtungen bis zum Lebensende als Akteur*innen in der Aufdeckung von Taten und (Weiter-)Entwicklung von Strukturen zum Schutz vor und zum Umgang mit sexualisierter Gewalt einzubeziehen.

Die Soziale Arbeit ist die Profession und Disziplin, die über die dazu notwendige Kompetenz, Kreativität und Reflexivität verfügt, um Wandlungsprozesse auf individueller, intergenerationeller, organisationaler und gesellschaftlicher Ebene theoretisch fundiert zu reflektieren und handlungspraktisch zu gestalten. (Steinfort-Diedenhofen 2022: 248)

Die Geragogik, und speziell auch die Sozialgeragogik (Steinfort-Diedenhofen 2018), bietet hierfür mit dem ‚Ansatz der Begleitung' der Sozialen Arbeit mit älteren Menschen ein Basiskonzept an, das im Kern als Beziehungsarbeit zu verstehen ist. Diese „realisiert sich in Gesprächen, im Trösten, im Zuhören und Unterstützen" (Bubolz-Lutz 2022: 21). Dabei erscheint es gerade im Hinblick auf die hier in den Fokus gerückten Bewohnerinnen immer wieder notwendig zu betonen, dass es gilt, hierarchische Strukturen und damit verbundene Machtverhältnisse sowohl politisch als auch organisational zu reflektieren. Begleitung als wichtiger Teil des beruflichen Handelns stellt sich entsprechend als individueller und kollektiver Lernprozess dar. Die Ausrichtung auf den „Leitsatz des Empowerments, als Ermutigung und Befähigung zum eigenen Verstehen und Handeln, als konzeptionelle Basis" (Bubolz-Lutz 2022: 24) erscheint als professionelle Haltung für das hier vorgelegte Sujet weiterführend. Eine wichtige Aufgabe der Fachkräfte in der stationären Altenhilfe ist es demnach, ältere Menschen behutsam zu begleiten. Es bedeutet ferner, dass auf der Ebene der Subjekte ältere – potenziell von sexualisierter Gewalt betroffene – Frauen selbst mit der Lernherausforderung konfrontiert sind, mit ihren biografischen und alltäglichen Erfahrungen umzugehen, damit ‚leben zu lernen' und – dies erscheint für den Alltag in Pflegeeinrichtungen ebenfalls relevant – Vertrauen in die eigene Sprechfähigkeit zu erwerben bzw. wiederzuerlangen. Dies kann konkret bedeuten eigene Grenzen zu erkennen, diese zu benennen und bei erlebten Übergriffen die ihnen zustehende Hilfe in Anspruch zu nehmen. Dafür sollten sie Kenntnisse darüber bekommen, dass ihnen Hilfe zusteht und wo bzw. wie sie diese abrufen können.

Trotz dieser Haltung der Selbstermächtigung und der mit ihr verbundenen konzeptionellen Umsetzung stellt sich, wie in den vorangegangenen Analysen gezeigt werden konnte, in der Praxis die Schwierigkeit, dass Betroffene womöglich nicht imstande sind, von ihren Erfahrungen zu berichten. Grund hierfür kann sein, dass sie zum einen durch die problematischen gesellschaftlichen Deutungsmuster zu sexualisierter Gewalt nicht als potenziell Betroffene antizipiert werden oder zum anderen keinen Raum bekommen, wo sie ihre Erfahrungen verbalisieren können, insbesondere wenn ihre kognitiven, physischen oder psychischen Fähigkeiten eingeschränkt sind. Zeigen sich die Erfahrungen in Form von Belastungssymptomen, so werden oftmals auch diese durch die Fachkräfte und das Umfeld nicht als solche, sondern vor Hintergrund einer anderen Diagnose (meist Demenz) interpretiert; adäquate traumaspezifische Unterstützung bleibt dann häufig aus. Zudem sind Betroffene häufig von den Täter*innen abhängig und/oder haben Angst vor möglichen Konsequenzen eines Offenlegungsprozesses, so dass sie zur Gewalt schweigen. Scham, Schuld oder die Sorge, dass ihnen nicht geglaubt wird, sind weitere Hemmnisse, die es

Betroffenen erschweren, den Übergriff zu kommunizieren, besonders dann, wenn sie selbst die Ereignisse nicht als sexualisierte Gewalt wahrnehmen.

Aber auch seitens der Fachkräfte zeigen sich in den ausgewerteten Untersuchungen etliche Gründe, die den professionellen Umgang mit und die Thematisierung von sexualisierter Gewalt im Kontext von stationären Altenhilfeeinrichtungen erschweren. Dies sind fehlende Kenntnisse zum Thema sexualisierte Gewalt, zum Umgang mit und zur Aufarbeitung von Vorfällen, Unsicherheiten hinsichtlich der damit ausgelösten Konsequenzen, die Sorge vor falschen Anschuldigungen oder auch die kollegiale Solidarität.

Das Offenlegen und die Aufarbeitung von sexualisierter Gewalt sind auch für die Organisationen mit vielen Hemmnissen verbunden. Gründe können sein, dass sich Einrichtungen und Träger beispielsweise um ihre Reputation sorgen und Klagen oder andere negative öffentliche Konsequenzen fürchten. In der Praxis ist es aber nicht zuletzt der Mangel an (zeitlichen) Ressourcen, aus dem der Verantwortung nicht nachgekommen wird. Dies sollte jedoch nicht als Rechtfertigung verstanden werden, sondern verweist vielmehr auf die notwendigen gesellschaftspolitischen Reformbedarfe im Pflegesektor. Die Dringlichkeit, Sorge-, Hilfe- und Pflegeleistungen gesellschaftlich aufzuwerten, und zwar nicht nur, aber auch hinsichtlich ihrer monetären Anerkennung, stellt sich auch aus demografischen Gründen als große gemeinsame Gestaltungsaufgabe dar. In ihr muss die Soziale Arbeit ihren Platz weiter und stärker als bislang einnehmen und ihre Kompetenzen einbringen. Zusätzlich ist eine breite Politisierung sexualisierter Gewalt im öffentlichen Diskurs notwendig, die mit Rückgriff auf Forschungsergebnisse und unter Einbezug von Betroffenen und Täter*innen zu einer Abnahme von Fehleinschätzungen und zum verbesserten Schutz für Menschen aller Altersphasen beitragen würde.

Abschließend werden nun, als Synthese des bisherigen Kenntnisstandes, praktische Implikationen benannt. Die vorangegangenen Analysen ermöglichen direkte Transferleistungen von der Wissenschaft in die Praxis, auch wenn – wie an vielen Stellen gezeigt werden konnte – noch etliche Fragen offenbleiben und die Autorinnen, auch nach der intensiven Arbeit an dem Werk, insgesamt erst am Anfang dieses – auf allen Ebenen – höchst herausfordernden Themas stehen. Nichtsdestotrotz können folgende handlungspraktische Implikationen zum Umgang mit und zur Verhinderung von sexualisierter Gewalt in stationären Altenhilfeeinrichtungen gegeben werden:

Auf der Ebene der Politik und Gesellschaft
Allgemeine Forderungen:

- Gesamtgesellschaftliche Sensibilisierung und Stärkung des öffentlichen Bewusstseins durch Anstoßen eines gesellschaftlichen Diskurses zum Thema sexualisierte Gewalt gegen ältere Menschen

- Aufbrechen der eingrenzenden, diskriminierenden Deutungsmuster zu ‚richtigen Opfern'

Konkrete Forderungen:

- Ausbau der Täter*innen-Prävention (u.a. durch flächendeckende, kritische sexuelle Bildung)
- Verbindlichkeit von Präventionsschulungen für alle Einrichtungen der stationären Altenhilfe
- Intensiverer Einbezug des Themas in die Aus- und Fortbildungen von Fachkräften
- Verpflichtung zur Teilnahme an den entsprechenden Modulen
- Ausbau barrierefreier Beratungs- und Therapieangebote für von Gewalt betroffenen Menschen in allen Lebensphasen
- Einbezug von älteren Betroffenen in Aufarbeitungskommissionen

Forschungsorientierte Forderungen:

- Ausbau der Finanzierung von Forschungsarbeiten zum Sujet
- Etablierung der intersektionalen Perspektive als Instrument für die Analyse von Entstehung, Aufrechterhaltung und Verarbeitung von sexualisierter Gewalt gegen marginalisierte Menschen
- Ausweitung des (Forschungs-)Themas auf die ambulanten Hilfen[60]

Auf der Ebene der Organisationen:

- Schaffen einer Arbeitsatmosphäre, in denen Zweifel und Vermutungen geäußert werden können
- Einrichtung eines anonymen, niederschwelligen Beschwerdeverfahrens für Bewohner*innen, Angehörige und Fachkräfte sowie Etablierung von Ombudspersonen
- Einrichtung themenspezifischer Fortbildungen für alle Mitarbeiter*innen und Ehrenamtlichen in den Einrichtungen, in denen auch die Reflexion eigener Haltungen mitbedacht wird, z.B. hinsichtlich altersdiskriminieren-

60 Die Analyse der bisherigen Schutzkonzepte macht deutlich, dass erste Konzepte zum Umgang mit und zur Prävention von sexualisierter Gewalt im stationären Kontext der Altenhilfe vorliegen. Für den Bereich der ambulanten Pflege und der dort tätigen Mitarbeiter*innen zeigen sich noch größere Handlungsbedarfe. Dieses Dunkelfeld zu erhellen wäre ein wichtiges, aber auch höchst schwieriges – da komplexes und ressourcenintensives – Vorhaben. Obschon Gewalt gegen Pflegebedürftige als relevantes Thema – nicht nur in der stationären, sondern auch in der häuslichen und ambulanten Pflege – identifiziert ist, fehlt es noch an breiten Maßnahmen zum Erkennen und zur Prävention (vgl. Moser et al. 2022: 223). Als besonders herausfordernd wird die Rolle der pflegenden Angehörigen eingeschätzt. Über zwei Drittel der zu Pflegenden leben in ihrer eigenen Häuslichkeit, werden von Angehörigen gepflegt und haben „somit keinen regelmäßigen Kontakt zu professionell Pflegenden. Zugleich kann mitunter von professionell Pflegenden selbst Gewalt ausgeübt werden" (Moser et al. 2022: 227f.). Welchen Auftrag die Soziale Arbeit in Feld der ambulanten Unterstützung künftig innehaben kann und muss, ist ebenfalls zu definieren.

der Einstellungen in Bezug auf Sexualität bzw. Integration des Themas in bestehende und in der Entwicklung befindlichen Schulungsangebote
- Partizipative Entwicklung institutioneller Schutzkonzepte durch Integration der Bewohner*innen, Angehörigen und älteren Freiwilligen, die potenziell als Fürsprecher*innen fungieren können
- Etablierung einer Hilfsstruktur für Betroffene, z.B. Gesprächsangebote mit Mitarbeiter*innen des Sozialen Dienstes

Auf der Ebene der Fachkräfte:

- Schaffung von Bewusstsein und Sensibilität für das Thema
- Nutzung von Reflexionsangeboten, um an den eigenen Haltungen und Berührungsängsten zum Thema sexualisierter Gewalt zu arbeiten
- Entwicklung von Kompetenzen und Kenntnissen zu körperlichen und verhaltensbezogenen Anzeichen sexualisierter Gewalt und dem Umgang damit
- Initiierung und Einforderung von weiteren Angebotsstrukturen im Feld, z.B. traumasensible Gesprächs- bzw. Betroffenengruppen
- (Politische) Verantwortungsübernahme und Positionierung für Bewohner*innen

Diese Auflistung, die nur einige von vielen Möglichkeiten zur Verhinderung bzw. Bearbeitung des sozialen Problems sexualisierte Gewalt gegen Bewohner*innen der stationären Altenhilfe enthält, soll als Anregung und Aufforderung verstanden werden. Wer sich mit dem Themen- und darin enthaltenen Aufgabenspektrum auseinandersetzt, erkennt auch die eigene Verantwortung hinsichtlich sexualisierter Gewalt in Organisationen Sozialer Arbeit an.

Literaturverzeichnis

Abner, Erin L./Teaster, Pamela B./Mendiondo, Marta S./ Ramsey-Klawsnik, Holly/ Marcum, Jennifer L./Crawford, Tim N./Wangmo, Tenzin (2016): Victim, Allegation, and Investigation Characteristics Associated with Substantiated Reports of Sexual Abuse of Adults in Residential Care Settings. In: Journal of Interpersonal Violence 34, 19, S. 3995–4019.

ACL – Administration for Community Living (2022): Adult Protective Service. https://ncea.acl.gov/What-We-Do/Practice/Intervention-Partners/APS-(1).aspx [Zugriff: 07.08.2022].

Alon, Sara/Tuma, Niva/Band-Winterstein, Tova/Goldblatt Hadass (2017): Professionals' Awareness of Sexual Abuse in Later Life: An Exploratory Survey. In: Journal of the American Psychiatric Nurses Association 24, 1, S. 53–61.

Anderson, Katherine/Tsuyuki, Kyomi/Fernandez de Soto, Alexandra/Stockman, Jamila (2022): The Effect of Adverse Mental Health and Resilience on Perceived Stress by Sexual Violence History. In: International Journal of Environmental Research and Public Health 19, 8, S. 4796–4811.

Aner, Kirsten (2020): Soziale Altenhilfe als Aufgabe Sozialer (Alten-)Arbeit. In: Aner, Kirsten/Karl, Ute (Hrsg.): Handbuch Soziale Arbeit und Alter. 2. überarb. und akt. Auflage, Wiesbaden: Springer VS, S. 29–54.

Araujo, Juliana de Oliveira/de Souza, Fernanda/Proença, Raquel/Lisboa, Mayara/Trajman, Anete/Bastos/ Faerstein, Eduardo (2019): Prevalence of sexual violence among refugees: a systematic review. In: Revista de Saúde Pública 53, 78. https://www.ncbi.nlm.nih.gov/pmc/articles/PMC6752644/ [Zugriff: 22.07.2022].

Arksey, Hilary/O'Malley, Lisa (2005): Scoping Studies: Towards a Methodological Framework. In: International Journal of Social Research Methodology 8, 1, S. 19–32.

BAGSO – Bundesarbeitsgemeinschaft der Seniorenorganisationen e.V. (2021): BAGSO-Wahlprüfsteine zur Bundestagswahl 2021 Themenfeld „Rechte älterer Menschen" Alle Fragen und die vollständigen Antworten der Parteien. https://www.bagso.de/fileadmin/user_upload/bagso/03_Themen/Wahlpruefsteine_2021/03_Langfassung_Rechte_aelterer_Menschen.pdf [Zugriff: 03.06.2022].

Baker, Margaret W./Sugar, Naomi F./Eckert, Linda O. (2009): Sexual Assault of Older Women: Risk and Vulnerability by Living Arrangement. In: Sexuality Research and Social Policy 6, 4, S. 79–87.

Baldus, Marion/Utz, Richard (2011): Einleitung. In: Baldus, Marion/Utz, Richard (Hrsg.): Sexueller Missbrauch in pädagogischen Kontexten. Faktoren, Interventionen, Perspektiven. Wiesbaden: Springer VS, S. 9–25.

Banyard, Victoria (2011): Who will help prevent sexual violence: Creating an ecological model of bystander intervention. In: Psychology of Violence 1, 3, S. 216–229.

Barry, Kathleen (1983): Sexuelle Versklavung von Frauen. Berlin: sub rosa Frauenverlag.

Bäslack, Anike (2006): Sexuelle Gewalt in der Pflege. Eine Literaturuntersuchung zu Erfahrungen von Patientinnen, Bewohnerinnen und Pflegerinnen in Krankenhäusern und Seniorenheimen. Diplomarbeit. Norderstedt: GRIN Verlag.

Bäslack, Anike (2014): Kulturelle und sexuelle Gewalt in der Pflege. Hamburg: Bachelor + Master Publishing.

Bäslack, Anike (2015): Sexuelle Gewalt in der Pflege: Ursachen, Auswirkungen und Folgen sowie Möglichkeiten der Prävention und Intervention. Hamburg: Diploma Verlag.

Bell, Kevin/Ibrahim, Joseph E./Olivares Jones, Andrea/Smith, Daisy/Wright, Meghan/ Frodé, Karin (2021): The Impact of Sexual Violence in Residential Aged Care on the Rights of Older Women. Submission to Independent Expert on the enjoyment of human rights by older persons. https://www.ohchr.org/sites/default/files/Documents/Issues/OlderPersons/OlderWomen/submissions-others/Castan-Centre-submission-older-women.pdf [Zugriff: 02.09.2022]

Bereswill, Mechthild (Hrsg.) (2019): Geschlecht als sensibilisierendes Konzept. Weinheim/Basel: Beltz Juventa.

bff – Bundesverband Frauenberatungsstellen und Frauennotrufe – Frauen gegen Gewalt e.V. (2017): Informationspapier. Der Paradigmenwechsel im Sexualstrafrecht: Nein heißt Nein. Eine Erläuterung des neuen Sexualstrafrechtes. 2. akt. Version. https://www.frauen-gegen-gewalt.de/de/aktionen-themen/kampagnen/vergewaltigung-verurteilen.html?file=files/userdata/downloads/rechtliche_dokumente/Das-neue-Sexualstrafrecht-Erlaeuterungen_Oktober_2017.pdf&cid=5700 [Zugriff: 22.06.2022].

Bistum Essen (2022): Kirchliches Amtsblatt, 65. Jahrgang: Verlautbarungen des Bischofs, Nr. 36 Ordnung zur Prävention gegen sexualisierte Gewalt an Minderjährigen und schutz- oder hilfebedürftigen Erwachsenen (Präventionsordnung PrävO). https://www.bistum-essen.de/fileadmin/relaunch/Bilder/Service/Amtsblatt_2022/Kirchliches_Amtsblatt_Bistum_Essen_4_2022.pdf [Zugriff: 23.05.2022].

Bistum Essen (o.J.): Anlage: Kurz- Curriculum von Präventionsschulung Altenhilfe. https://www.bistum-essen.de/fileadmin/relaunch/Bilder/Soziales_und_Hilfe/praevention/Kurz-Curriculum_Altenhilfe.pdf [Zugriff: 21.05.2022].

BMFSFJ – Bundesministerium für Familie, Senioren, Frauen und Jugend/BMG – Bundesministerium für Gesundheit (2020): Charta der Rechte hilfe- und pflegebedürftiger Menschen. https://www.bmfsfj.de/resource/blob/93450/be474bfdb4016bbbca9bf87b4cb9264b/charta-der-rechte-hilfe-und-pflegebeduerftiger-menschen-data.pdf [Zugriff: 31.08.2022].

Bohn, Caroline (2016): Dimensionen von Macht und Beschämung in der stationären Altenpflege. In: Wazlawik, Martin/Freck, Stefan (Hrsg.): Sexualisierte Gewalt an erwachsenen Schutz- und Hilfebedürftigen. Sexuelle Gewalt und Pädagogik. Wiesbaden: Springer, S. 91–104.

Botngård, Antje/Eide, Arne H./Mosqueda, Laura/Malmedal, Wenche (2020): Elder abuse in Norwegian nursing homes: cross-sectional exploratory study. In: BMC Health Services Research 20, 9, S. 1–12.

Bows, Hannah (2019): Sexual violence against older people. London: Routledge.

Bows, Hannah/Westmarland, Nicole (2017): Rape of Older People in the United Kingdom: Challenging the ‚Real-Rape' Stereotype. In: British Journal of Criminology 57, 1, S. 1–17.

Böhmer, Martina (2014): Erfahrungen sexualisierter Gewalt in der Lebensgeschichte alter Frauen. Ansätze für eine frauenorientierte Altenarbeit. 5. Auflage, Frankfurt am Main: Mabuse Verlag.

Böhmer, Martina (2017): Wenn die Seele erschüttert ist. Traumatische Gewalterlebnisse in der Lebensgeschichte alter Frauen und Männer. In: PPH Die Zeitschrift für Psychiatrische Pflege heute 23, 2, S. 84–96.

Böhmer, Martina/Griese, Karin (2016): Einleitung. Traumasensible Unterstützung für alte Frauen. In: Paula e.V./Böhmer, Martina/Griese, Karin (Hrsg.): Ich fühle mich zum ersten Mal lebendig … Traumasensible Unterstützung für alte Frauen. Frankfurt am Main: Mabuse Verlag, S. 20–32.

Böttche, Maria/Kuwert, Philipp/Knaevelsrud, Christine (2011): Posttraumatic Stress Disorder in Older Adults: An Overview of Characteristics and Treatment Approaches. In: International Journal of Geriatric Psychiatry 27, 3, S. 230–239.

Böwer, Michael (2018): Sexualisierte Gewalt in Organisationen. In: Retkowski, Alexandra/Treibel, Angelika/Tuider, Elisabeth (Hrsg.): Handbuch Sexualisierte Gewalt und pädagogische Kontexte. Theorie, Forschung, Praxis. Weinheim: Beltz Juventa, S. 407–414.

Brenssell, Ariane (2020): Kontextualisierte Traumaarbeit. Ein communitybasiertes, partizipatives Forschungsprojekt. In: Brenssell, Ariane/Lutz-Kluge, Andrea (Hrsg.): Partizipative Forschung und Gender. Emanzipatorische Forschungsansätze weiterdenken. Opladen: Barbara Budrich, S. 71–94.

Brenssell, Ariane/Hartmann, Anna (2017): Kontextualisiertes Traumaverständnis in der Arbeit gegen Gewalt an Frauen. In: Kontextualisiertes Traumaverständnis in der Arbeit gegen Gewalt an Frauen. Familiendynamik 42, 1, S. 28–39.

Brunkhorst, Hauke (1992): Professionalität, Kollektivitätsorientierung und formale Wertrationalität. Zum Strukturproblem professionellen Handelns aus kommunikationstheoretischer Perspektive. In: Dewe, Bernd/Ferchhoff, Wilfried/Radtke, Frank-Olaf (Hrsg.): Erziehen als Profession. Zur Logik professionellen Handelns in pädagogischen Feldern. Opladen: Leske und Budrich, S. 49–69.

Brunner, Franziska/Tozdan, Safye/Klein, Verena/Dekker, Arne/Briken, Peer (2021): Lebenszeitprävalenz des Erlebens von Sex und sexueller Berührung gegen den eigenen Willen sowie Zusammenhänge mit gesundheitsbezogenen Faktoren. In: Bundesgesundheitsblatt 64, 11, S. 1339–1354.

Brown, Jennifer M./Hamilton, Carys/O'Neill, Darragh (2007): Characteristics Associated with Rape Attrition and the Role Played by Skepticism or Legal Rationality by Investigators and Prosecutors. In: Psychology, Crime & Law 13, 4, S. 355–370.

Bubolz-Lutz, Elisabeth (2022): Begleitung als Basiskonzept und Praxis der Geragogik – Zur Bedeutsamkeit von Lernmotivation und dem Prinzip der der Wechselseitigkeit. In: Schramek, Renate/Steinfort-Diedenhofen, Julia/Kricheldorff, Cornelia (Hrsg.): Diversität der Altersbildung, Stuttgart: Kohlhammer, S. 21–39.

Bubolz-Lutz, Elisabeth/Engler, Stefanie/Kricheldorff, Cornelia (2022): Geragogik. Bildung und Lernen im Prozess des Alterns. Das Lehrbuch. 2., erw. und überarb. Auflage, Stuttgart: Kohlhammer.

Bundschuh, Claudia (2010): Sexualisierte Gewalt gegen Kinder in Institutionen. Nationaler und internationaler Forschungsstand. Expertise im Rahmen des Projekts „Sexuelle Gewalt gegen Mädchen und Jungen in Institutionen". München: Deutsches Jugendinstitut.

Burgess, Ann W./Dowdell, Elizabeth B./Prentky, Roberat A. (2000a): Sexual Abuse of Nursing Home Residents. In: Journal of Psychosocial Nursing and Mental Health Services 38, 6, S. 10–18.

Burgess, Ann W./Prentky, Robert/Dowdell, Elizabeth (2000b): Sexual Predators in Nursing Homes. In: Journal of Psychosocial Nursing and Mental Health Services 38, 8, S. 26–35.

Burgess, Ann W./Hanrahan, Nancy P./Baker, Timothy (2005): Forensic Markers in Elder Female Sexual Abuse Cases. In: Clinics in Geriatric Medicine 21, 2, S. 399–412.

Butchart, Alexander/Burrows, Stephanie/Kieselbach, Berit (2019): Violence and public health. In: Public Health Forum 27, 1, S. 2–5.

Butler, Robert N. (1969): Age-Ism: Another Form of Bigotry. In: The Gerontologist, 9, 4, S. 243–246.

BZgA – Bundeszentrale für gesundheitliche Aufklärung (2015): Sexualaufklärung von Menschen mit Beeinträchtigungen. Köln: Bundeszentrale für gesundheitliche Aufklärung.

Capetuzi, Elizabeth A./Swedlow, Deborah J. (2000): Sexual Abuse in Nursing Homes. In: Marquette Elder's Advisor 2, 2, S. 51–61.

Carter, Jimmy (2015): Patriarchy and violence against women and girls. In: The Lancet 385, 9978, S. 40–41.

Castle, Nicholas (2012): Resident-to-Resident Abuse in Nursing Homes as Reported by Nurse Aides. In: Journal of Elder Abuse & Neglect 24, 4, S. 340–356.

Chamberlain, Sigrid (2000): Adolf Hitler, die deutsche Mutter und ihr erstes Kind. Über zwei NS-Erziehungsbücher. Gießen: Psychosozial-Verlag.

Christmann, Bernd (2020): Disclosure von sexualisierter Gewalt – Definitionen, Forschungsstand, Implikationen für Prävention und pädagogische Praxis. In: Wazlawik, Martin/Christmann, Bernd/Böhm, Maika/Dekker, Arne (Hrsg.): Perspektiven auf sexualisierte Gewalt. Einsichten aus Forschung und Praxis. Sexuelle Gewalt und Pädagogik (5). Wiesbaden: Springer VS, S. 263–276.

CIUSSS West-Central Montreal Leading Practice to Counter the Mistreatment of Older Adults/LAAA Elder Mistreatment Helpline/Research Chair on Mistreatment of Older Adults/Ministère de la Famille, Secrétariat aux aînés, Gouvernement du Québec (2017): Terminology on the Mistreatment of Older Adults. http://www.maltraitancedesaines.com/wp-content/uploads/2020/02/Terminology_on_the_mistreatment_of_older_adults-_Version_du_2_nov_2017.pdf [Zugriff: 12.10.2021].

Clark, Haley/Fileborn, Bianca (2011): Responding to women's experiences of sexual assault in institutional and care settings. ACSSAwrap – Australian Centre for the study of sexual assault.

Coerper, Carl/Hagen, Wilhelm/Thomae, Hans (1954) (Hrsg.): Deutsche Nachkriegskinder. Methoden und erste Ergebnisse der deutschen Längsschnittuntersuchungen über die körperliche und seelische Entwicklung im Schulkindalter. Stuttgart: Thieme.

Conen, Marie-Luise (2002): Institutionen und sexueller Missbrauch. In: Bange, Dirk/Körner, Wilhelm (Hrsg.): Handwörterbuch Sexueller Missbrauch. Göttingen: Hogrefe, S. 196–202.

Conen, Marie-Luise (2005): Institutionelle Strukturen und sexueller Missbrauch durch Mitarbeiter in stationären Einrichtungen für Kinder und Jugendliche. In: Amann, Gabriele/Wipplinger, Rudolf (Hrsg.): Sexueller Missbrauch. Überblick über Forschung, Beratung und Therapie. Ein Handbuch. Tübingen: dgvt, S. 795–807.

Conolly, Marie-Therese/Breckmann, Risa/Callahan, Jean/Lachs, Mark/Ramsey-Klawsnik, Holly/Solomon, Joy (2012): The Sexual Revolution's Last Frontier: How Silence About Sex Undermines Health, Well-Being, and Safety in Old Age. In: Generations – Journal of the American Society on Aging 36, 3, S. 43–52.

Decker, Oliver/Brähler, Elmar (2009): Die psychosozialen Folgen von Vertreibung, Ausbombung und Vaterlosigkeit bei den Geburtsjahrgängen 1930–1945. In: Radebold, Hartmut/Heuft, Gereon/Fooken, Insa (Hrsg.): Kindheit im Zweiten Weltkrieg. Kriegserfahrungen und deren Folgen aus psychohistorischer Perspektive. Weinheim: Beltz Juventa, S. 119–138.

DeGPT – Deutschsprachige Gesellschaft für Psychotraumatologie (2019): S2k-Leitlinie „Diagnostik und Behandlung von akuten Folgen psychischer Traumatisierung". https://www.awmf.org/uploads/tx_szleitlinien/051-027l_S2k_Diagnostik_Behandlung_akute_Folgen_psychischer_Traumatisierung_2019-10.pdf [Zugriff: 23.11.2020].

Dewe, Bernd/Otto, Hans-Uwe (2012): Reflexive Sozialpädagogik. Grundstrukturen eines neuen Typs dienstleistungsorientierten Professionshandelns. In: Thole, Werner (Hrsg.): Grundriss Soziale Arbeit. Ein einführendes Handbuch. 4. Auflage, Wiesbaden: Springer VS, S. 197–217.

Domansky, Elisabeth/de Jong, Jutta (2000): Der lange Schatten des Krieges. Deutsche Lebensgeschichten nach 1945. Münster: Aschendorff Verlag.

Doppler, Klaus/Lauterburg, Christoph (2014): Change Management. Den Unternehmenswandel gestalten. 13., akt. und erw. Auflage, Frankfurt am Main: Campus.

Dworkin, Emily (2018): Risk for Mental Disorders Associated with Sexual Assault: A Meta-Analysis. Trauma, Violence, & Abuse 21, 5, S. 1011–1028.

Eichhorn, Svenja/Kuwert, Philipp (2011): Das Geheimnis unserer Großmütter. Eine empirische Studie über Sex realisierte Kriegsgewalt und 1945. Gießen: Psychosozial-Verlag.

EIGE – European Institute for Gender Equality (2021): The costs of gender-based violence in the European Union. https://eige.europa.eu/publications/costs-gender-based-violence-european-union [Zugriff: 23.07.2022].

elderabuse.org (2020): Nursing Home Abuse: What it is and how to end it. https://www.elderabuse.org/nursing-home-abuse/ [Zugriff: 21.11.2020].

Elias, Norbert (2014): Was ist Soziologie? 12. Auflage, Weinheim: Beltz Juventa.

Ellison, Louise/Munro, Vanessa (2009): REACTION TO RAPE: Exploring Mock Jurors' Assessments of Complainant Credibility. In: The British Journal of Criminology 49, 2, S. 202–219.

Enders, Ursula (2012): „Mistbeet für Täter". Institutionelle Strukturen und konzeptionelle Mängel, die Missbrauch begünstigen. In: Enders, Ursula (Hrsg.): Grenzen achten. Schutz vor sexuellem Missbrauch in Institutionen. Ein Handbuch für die Praxis. Köln: Kiepenheuer/Witsch, S. 129–146.

Engelke, Ernst/Spatscheck, Christian/Borrmann, Stefan (2016): Die Wissenschaft Soziale Arbeit. Werdegang und Grundlagen. 4., überarb. und erw. Auflage, Freiburg im Breisgau: Lambertus.

Erikson, Erik H. (1995): Kindheit und Gesellschaft. 12. Auflage, Stuttgart: Klett-Cotta.

Eßer, Florian/Rusack, Tanja (2020): Schutzkonzepte und Sexualkulturen in Institutionen. In: Wazlawik, Martin/Christmann, Bernd/Böhm, Maika/Dekker, Arne (Hrsg.): Perspektiven auf sexualisierte Gewalt. Einsichten aus Forschung und Praxis. Sexuelle Gewalt und Pädagogik (5). Wiesbaden: Springer VS, S. 13–28.

Estrich, Susan (1987): Real Rape. Cambridge: Harvard University Press.

Ferring, Dieter/Willems, Helmut (2014): Macht und Missbrauch in Institutionen. Konzeption, Begriffsbestimmung und theoretische Perspektiven. In: Willems, Helmut/Ferring, Dieter (Hrsg.): Macht und Missbrauch in Institutionen. Interdisziplinäre Perspektiven auf institutionelle Kontexte und Strategien der Prävention. Wiesbaden: Springer VS, S. 13–26.

Fileborn, Bianca: Sexual Assault and Justice for Older Women: A Critical Review of the Literature. In: Trauma, Violence, & Abuse 18, 5, S. 496–507.

Fooken, Insa (2020). Nachkriegskindheiten und Altern. In: Aner, Kirsten/Karl, Ute (Hrsg.): Handbuch Soziale Arbeit und Alter. 2. überarb. u. akt. Auflage, Wiesbaden: Springer VS, S. 517–525.

Fricker, Miranda (2007): Epistemic injustice: power and the ethics of knowing. Oxford: University Press.

Freck, Stefan (2016): Institutionelle Schutzkonzepte als Strukturmodelle zum Schutz vor sexualisierter Gewalt in Einrichtungen der Erwachsenenhilfe. In: Wazlawik, Martin/Freck, Stefan (Hrsg.): Sexualisierte Gewalt an erwachsenen Schutz- und Hilfebedürftigen. Sexuelle Gewalt und Pädagogik (1). Wiesbaden: Springer VS, S. 183–208.

Gairing, Fritz (2017): Organisationsentwicklung. Geschichte – Konzepte – Praxis. Stuttgart: Kohlhammer.

Goffman, Erving (1973): Asyle. Über die soziale Situation psychiatrischer Patienten und anderer Insassen. Frankfurt am Main: Suhrkamp.

Goldblatt, Hadass/Band-Winterstein, Tova/Lev, Sagit/Harel, Dovrat (2022): „Who Would Sexually Assault an 80-Years-Old Woman?“: Barriers to Exploring and Exposing Sexual Assault Against Women in Late Life. In: Journal of Interpersonal Violence 37, 5–6, S. 2751–2775.

Görgen, Thomas/Nägele, Barbara (2003): Ältere Menschen als Opfer sexualisierter Gewalt. Forschungsbereicht Nr. 89. Hannover: KFN – Kriminologisches Forschungsinstitut Niedersachsen e.V.

Görgen, Thomas/Newig, Antje/Nägele, Barbara/Herbst, Sandra (2005): „Jetzt bin ich so alt und das hört nicht auf“. Sexuelle Viktimisierung im Alter. Forschungsberichte Nr. 95. Hannover: KFN – Kriminologisches Forschungsinstitut Niedersachsen e.V.

Görgen, Thomas/Nägele, Barbara/Herbst, Sandra/Newig, Antje (2006): Sexuelle Viktimisierung im höheren Lebensalter. In: Zeitschrift für Gerontologie und Geriatrie 39, 5, S. 382–389.

Görgen, Thomas (2016): Gewaltprävention in Bezug auf (pflegebedürftige) ältere Menschen: Rückblick auf ein Vierteljahrhundert. In: Voß, Stephan/Marks, Erich (Hrsg.): Internetdokumentation des Symposiums „25 Jahre Gewaltprävention im vereinten Deutschland – Bestandsaufnahme und Perspektiven“, Berlin 2016. http://www.gewalt-praevention.de/dokumentation [Zugriff: 23.06.2022].

Gottschalk, Christiane (2014): Die Verletzlichkeit der Menschenwürde am Beispiel sexualisierter Gewalt gegen Frauen. Geschlecht – Gewalt – Gesellschaft (9). Münster: LIT Verlag.

Groenemeyer, Axel (2012): Soziologie sozialer Probleme – Fragestellungen, Konzepte und theoretische Positionen. In: Albrecht, Günter/Groenemeyer, Axel (Hrsg.): Handbuch soziale Probleme. 2., überarb. Auflage, Wiesbaden: Springer VS, S. 17–116.

Grieger, Katja/Clemm, Christina/Eckhardt, Anita/Hartmann, Anna/Bundesverband Frauenberatungsstellen und Frauennotrufe (bff) – Frauen gegen Gewalt e.V. (Hrsg.): „Was ihnen widerfahren ist, ist in Deutschland nicht strafbar“: Fallanalysen zu bestehenden Schutzlücken in der Anwendung des deutschen Sexualstrafrechts bezüglich erwachsenen Betroffener. Berlin: Bundesverband Frauenberatungsstellen und Notrufe (bff).

Grunwald, Klaus/Thiersch, Hans (2018): Lebensweltorientierung. In: Graßhoff, Gunther/Renker, Anna/Schröer, Wolfgang (Hrsg.): Soziale Arbeit: Eine elementare Einführung. Wiesbaden: VS Springer, S. 303–315.

Grundmann, Matthias/Hoffmeister, Dieter/Knoth, Sebastian (2009): Kriegskinder in Deutschland zwischen Trauma und Normalität. Botschaften einer beschädigten Generation. Münster: LIT.

Gukenbiehl, Hermann L. (2003): Institution und Organisation. In: Korte, Hermann/ Schäfers, Bernhard (Hrsg.): Einführung in Hauptbegriffe der Soziologie. 6., erw. u. akt. Auflage, Wiesbaden: Springer VS, S. 143–159.

Günak, Mia/Billings, Joe/Carratu, Emily/Marchant, Natalie/Favarato, Graziella/Orgeta, Vasiliki (2020): Post-traumatic Stress Disorder as a Risk Factor for Dementia: Systematic Review and Meta-analysis. In: The British Journal of Psychiatry 217, 5, S. 600–608.

Hagemann-White, Carol (1992): Strategien gegen Gewalt im Geschlechterverhältnis. Bestandsanalyse und Perspektiven. Pfaffenweiler: Centaurus.

Hageman-White, Carol (2018): Sexuelle und häusliche Gewalt. In: Bürger/Staat. Gewalt 68, 3, S. 128–133.

Hagemann-White, Carol (2019): Opfer – Täter: zur Entwicklung der feministischen Gewaltdiskussion. In: Kortendiek, Beate/Riegraf, Birgit/Sabisch, Katja (Hrsg.): Handbuch Interdisziplinäre Geschlechterforschung. Geschlecht und Gesellschaft (65). Wiesbaden: Springer VS, S. 145–153.

Hanrahan, Nancy P./Burgess, Ann W./Gerolamo, Angela A. (2005): Core Data Elements Tracking Elder Sexual Abuse. In: Clinics in Geriatric Medicine, 21, 2, S. 413–427.

Hawks, Robert S. (2006): Grandparents Molesting: Sexual Abuse of Elderly Nursing Home Residents and its Prevention. In: Marquette Elder's Advisor 8, 1, S. 159–198.

Helwig, Gisela/Nickel, Hildegard (1993): Frauen in Deutschland 1945–1992. Bonn: Bundeszentrale für politische Bildung.

Heinemann, Isvant (2021): „Nein heißt Nein" fünf Jahre nach der Reform des § 177 Abs. 1 StB – Eine Auseinandersetzung mit der Entscheidung des Gesetzgebers. In: Schramm, Edward (Hrsg.): KriPoZ JuP. Kriminalpolitische Zeitschrift, Junges Publizieren. Sexualstrafrecht – dogmatische und kriminalpolitische Fragen, S. 62–81 https://kripoz.de/wp-content/uploads/2021/09/Sammelband-Schramm-Sexualstrafrecht.pdf [Zugriff: 11.10.2022].

Heinzelmann, Martin (2004): Das Altenheim – immer noch eine „Totale Institution"? Eine Untersuchung des Binnenlebens zweier Altenheime. Göttingen: Cuvillier.

Heitmeyer, Wilhelm (2012): Sozialer Tod. Sexuelle Gewalt in Institutionen: Mechanismen und System. In: Andresen, Sabine/Heitmeyer, Wilhelm (Hrsg.): Zerstörerische Vorgänge. Missachtung und sexuelle Gewalt gegen Kinder und Jugendliche in Institutionen. Weinheim/Basel: Beltz Juventa, S. 22–35.

Henningsen, Anja (2018): Gewaltpräventive Potenziale der Sexualpädagogik. In: Retkowski, Alexandra/Treibel, Angelika/Tuider, Elisabeth (Hrsg.): Handbuch Sexualisierte Gewalt und pädagogische Kontexte. Theorie, Forschung, Praxis. Weinheim: Beltz Juventa, S. 561–570.

Heynen, Susanne (2015): Vergewaltigt. Die Bedeutung subjektiver Theorien für Bewältigungsprozesse nach einer Vergewaltigung. Weinheim/Basel: Juventa.

Hirsch, Rolf Dieter (2016): Gewalt in Einrichtungen der Altenhilfe. In: Wazlawik, Martin/ Freck, Stefan (Hrsg.): Sexualisierte Gewalt an erwachsenen Schutz- und Hilfebedürftigen. Sexuelle Gewalt und Pädagogik (1). Wiesbaden: Springer VS, S. 67–88.

Hodell, Emily C./Golding, Jonathan M./Yozwiak, John A./Bradshaw, Gregory S./Kinstle, Terri L./Marsil, Dorothy F. (2009): The Perception of Elder Sexual Abuse in the Courtroom. In: Violence Against Women 15, 6, S. 678–698.

Hofmeister, Angelika (2015): Gewalt und Geschlecht. Entwicklungen und Perspektiven des feministischen Diskurses. Masterthesis Wien: Universität Wien/Referat Genderforschung.

Huber, Michaela/Plassmann, Reinhard (Hrsg.) (2012): Transgenerationale Traumatisierung. Tagungsband zur DGTG-Tagung im September in Bad Mergentheim. Paderborn: Jungfermann Verlag.

Hucklenbroich, Katharina/Burgmer, Markus/Heuft, Gereon (2014): Psychische Folgen von früheren und akuten Traumatisierungen bei Älteren. Zeitschrift für Gerontologie und Geriatrie, 47, 3, S. 202–208.

Iversen, Maria H./Kilvik, Astrid/Malmedal, Wenche (2015): Sexual Abuse of Older Residents in Nursing Homes: A Focus Group Interview of Nursing Home Staff. https://www.hindawi.com/journals/nrp/2015/716407/ [Zugriff 02. 09. 2022].

Jeary, Katharine (2005): Sexual Abuse and Sexual Offending Against Elderly People: A Focus on Perpetrators and Victims. In: The Journal of Forensic Psychiatry/Psychology 16, 2, S. 328–343.

Jones, Erlon (2022): Preventing Sexual Assault in Long-Term Care Facilities: Identifying Strategies for Facilities and State Survey Agencies. https://archives.granite.edu/handle/20.500.12975/433 [Zugriff: 02. 09. 2022].

Kavemann, Barbara/Etzel, Adrian/Nagel, Bianca (2022): ‚Epistemische Ungerechtigkeit' als theoretischer Zugang zum Verständnis der Folgen von sexueller Gewalt in Kindheit und Jugend. In: Doll, Daniel/Kavemann, Barbara/Nagel, Bianca/Etzel, Adrian (Hrsg.): Beiträge zur Forschung zu Geschlechterbeziehungen, Gewalt und privaten Lebensformen. Disziplinäres, Interdisziplinäres und Essays. Opladen: Barbara Budrich, S. 137–156.

Keilson, Hans (1979): Sequentielle Traumatisierung bei Kindern. Stuttgart: Enke.

Kessler, Ronald/Berglund, Patricia/Demler, Olga (2005): Lifetime Prevalence and Age-of-onset Distribution of DSM-IV Disorders in the National Comorbidity Survey Replication. In: Archives of General Psychiatry 62, 6, S. 593–602.

Kettrey, Heather/Marx, Robert (2019): The Effects of Bystander Programs on the Prevention of Sexual Assault across the College Years: A Systematic Review and Meta-analysis. In: Journal of Youth and Adolescence 48, 2, S. 212–227.

Kiegelmann, Mechthild (2020): Forschungsethik. In: Mey, Günter/Mruck, Katja (Hrsg.): Handbuch Qualitative Forschung in der Psychologie. Band 2: Designs und Verfahren. 2., erw. und überarb. Auflage, Wiesbaden: Springer, S. 227–246.

Kiess, Johannes/Decker, Oliver/Grave, Tobias/Rothe, Katharina/Weißmann, Marliese/Brähler, Elmar (2014): Erinnertes elterliches Erziehungsverhalten und politische Einstellungen in den Generationen des Zweiten Weltkriegs und der Nachkriegszeit. Ergebnisse der „Mitte-Studien". In: Fooken, Insa/Heuft, Gereon (Hrsg.): Das späte Echo von Kriegskindheiten. Die Folgen des Zweiten Weltkriegs in Lebensläufen und Zeitgeschichte. Göttingen: Vandenhoeck & Ruprecht, S. 147–179.

Kindler, Marie-Luise/Krebs, Luise/Wachsmuth, Iris/Gahleitner, Silke Birgitta (Hrsg.) (2013): „Das ist einfach unsere Geschichte." Lebenswege der „zweiten Generation" nach dem Nationalsozialismus. Gießen: Psychosozial-Verlag.

Kleinhubbert, Guido (2006): Vom Straps zur Schnabeltasse. In Nordrhein-Westfalen werden Huren zu Altenpflegerinnen umgeschult. https://www.spiegel.de/spiegel/print/d-46236994.html [Zugriff: 23. 06. 2022].

Koloma Beck, Teresa/Schlichte, Klaus (2020): Theorien der Gewalt zur Einführung. 3., überarb. Auflage, Hamburg: Junius.

Kolshorn, Maren (2018): Die Ursachen sexualisierter Gewalt – ein komplexes Bedingungsgefüge. In: Retkowski, Alexandra/Treibel, Angelika/Tuider, Elisabeth (Hrsg.): Handbuch Sexualisierte Gewalt und pädagogische Kontexte. Theorie, Forschung, Praxis. Weinheim: Beltz Juventa, S. 138–148.

Kricheldorff, Cornelia (2022): Gut verletzt oder abgehängt? Gelingendes Altern in der digitalen Welt. Stuttgart: Kohlhammer.

Kricheldorff, Cornelia/Klott, Stefanie (2017): Altersbildung und Soziale Arbeit. In: Zeitschrift für Gerontologie und Geriatrie 50, 5, S. 434–438.

Krumrey, Horst-Volker (1979): Strukturwandlungen und Funktionen von Verhaltensstandards – analysiert mit Hilfe eines Interdependenzmodells zentraler sozialer Beziehungstypen. In: Gleichmann, Peter/Goudsblom, Johan/Korte, Hermann (Hrsg.): Materialien zu Norbert Elias' Zivilisationstheorie. Frankfurt: Suhrkamp, S. 194–214.

Kühl, Stefan (2020): Organisationen. Eine sehr kurze Einführung. 2., überarb. u. erw. Auflage, Wiesbaden: Springer VS.

Ladenburger, Petra/Lörsch, Martina (2016): Sexualisierte Gewalt in Einrichtungen der Erwachsenenhilfe. In: Wazlawik, Martin/Freck, Stefan (Hrsg.): Sexualisierte Gewalt an erwachsenen Schutz- und Hilfebedürftigen. Sexuelle Gewalt und Pädagogik (1). Wiesbaden: Springer VS, S. 39–65.

Landwehr, Hilge (1999): Scham und Macht. Tübingen: Mohr Siebeck.

Langer, Phil/Dymczyk, Adina/Brehm, Alina/Ronel, Joram (2020): Psychosoziale Traumaverständnisse. In: Langer, Phil/Dymczyk, Adina/Brehm, Alina/Ronel, Joram (Hrsg.): Traumakonzepte in Forschung und Praxis. Ein Überblick. Wiesbaden: Springer VS, S. 17–23.

Laslett, Peter (1995): Das Dritte Alter. Historische Soziologie des Alterns. Weinheim/München: Juventa.

Lea, Susan J./Hunt, Laura/Shaw, Steve (2011): Sexual Assault of Older Women by Strangers. In: Journal of Interpersonal Violence 26, 11, S. 2303–2320.

Ley, Thomas/Ziegler, Holger (2012): Rollendiffusion und sexueller Missbrauch. Organisations- und professionstheoretische Perspektiven. In: Andresen, Sabine/Heitmeyer, Wilhelm (Hrsg.): Zerstörerische Vorgänge. Missachtung und sexuelle Gewalt gegen Kinder und Jugendliche in Institutionen. Weinheim/Basel: Beltz Juventa, S. 264–280.

Lippert, Elisabeth/Keppel, Claudia (1950): Deutsche Kinder in den Jahren 1947–1950. Beitrag zur biologischen und epochalpsychologischen Lebensalterforschung. Bern: Huber.

Loch, Ulrike (2006): Sexualisierte Gewalt in Kriegs- und Nachkriegskindheiten. Lebens- und familiengeschichtliche Verläufe. Rekonstruktive Forschung in der Sozialen Arbeit, Band 2. Opladen/Farmington Hills: Barbara Budrich.

Luhmann, Niklas (1997): Die Gesellschaft der Gesellschaft. Frankfurt am Main: Suhrkamp.

Magyar-Haas, Veronika (2012): Beschämende Vorgänge. Verhältnisse von Scham, Macht und Normierung in Kontexten der Sozialpädagogik und Sozialen Arbeit. In: Andresen, Sabine/Heitmeyer, Wilhelm (Hrsg.): Zerstörerische Vorgänge. Missachtung und sexuelle Gewalt gegen Kinder und Jugendliche in Institutionen. Weinheim/Basel: Beltz Juventa, S. 195–214.

Malmedal, Wenche (2020): Chapter 6. ‚If You Do Not Believe That It Happens You Won't See It Either!'-Sexual Abuse in Later Life. In: Phelan, Amanda (Hrsg.): Advances in Elder Abuse Research. Practice, Legislation and Policy, S. 73–83.

Malmedal, Wenche/Iversen, Maria H./Kilvik, Astrid (2015): Sexual Abuse of Older Nursing Home Residents: A Literature Review. https://www.hindawi.com/journals/nrp/2015/902515/ [Zugriff: 02.09.2022].

Malmedal, Wenche/Iversen, Maria H./Sæbø, Valgjerd Frengen/Kilvik, Astrid (2016): Summary of the report: This is not happening! Or does it? Results from a pilot study on sexual abuse against older persons in nursing homes. http://www.pensjonistforbundet.no/kartotek/publikasjoner/128-english-summary [Zugriff: 24.11.2020].

Mannheim, Karl (1964): Wissenssoziologie. Auswahl aus dem Werk. Soziologische Texte (28). München: Luchterhand.

Mattutat, Liza (2022): Emanzipation und Gewalt Feministische Rechtskritik mit Karl Marx, Jacques Derrida und Gilles Deleuze. Wiesbaden: Springer.

Maurer, Susanne (2018): Die Thematisierung sexualisierter Gewalt durch die ‚Neue Frauenbewegung'. In: Retkowski, Alexandra/Treibel, Angelika/Tuider, Elisabeth (Hrsg.): Handbuch sexualisierte Gewalt und pädagogische Kontexte. Theorie, Forschung, Praxis. Weinheim: Beltz Juventa, S. 43–51.

McCartan, Kieran/Kemshall, Hazel/Tabachnick, Joan (2015): The construction of community understandings of sexual violence: Rethinking public, practitioner and policy discourses. In: Journal of Sexual Aggression 21, 1, S. 100–116.

McMillan, Lesley/Thomas, Michelle (2009): Police Interviews of Rape Victims. In: Horvarth, Miranda /Brown, Jennifer (Hrsg.): Rape: Challenging Contemporary Thinking. Cullompton: Willan Publishing, S. 263–279.

McNamara, Tay K./Williamson, John B. (2019): Ageism. Past, Present, and Future. New York/London: Routledge.

Meyer, Maike/Jordan, Lena/Berthold, Mathias (2020): Sicherheit und Gewalt in Nordrhein-Westfalen – Forschungsbericht. Düsseldorf: Kriminalistische- Kriminologische Forschungsstelle NRW.

Milgram, Stanley (1982): Das Milgram-Experiment. Zur Gehorsamkeitsbereitschaft gegenüber Autorität. Reinbek: Rowohlt.

Moser, Fabian/Schütz, Leonard H./Teubner, Christian/Lahmann, Nils/Kuhlmey, Adelheid/Suhr, Ralf (2022): Sexueller Missbrauch Pflegebedürftiger. Ergebnisse einer bundesweiten Querschnittsstudie bei Hausärzten/-ärztinnen zu Verantwortung und subjektiven Sicherheit im Verdachtsfall. In: Zeitschrift für Gerontologie und Geriatrie 55, 3, S. 223–230.

Mosser, Peter (2018): Folgen und Nachwirkungen sexualisierter Gewalt. In: Retkowski, Alexandra/Treibel, Angelika/Tuider, Elisabeth (Hrsg.): Handbuch sexualisierte Gewalt und pädagogische Kontexte. Theorie, Forschung, Praxis. Weinheim: Beltz Juventa, S. 822–831.

Möser, Cornelia (2022): Libérations sexuelles. Une histoire des pensées féministes et queers sur la sexualité. Paris: La Découverte.

Munn, Zachary/Peters, Micah D./Stern, Cindy/Tufanaru, Catalin/McArthur, Alexa/Aromataris, Edoardo (2018): Systematic review or scoping review? Guidance for authors when choosing between a systematic or scoping review approach. In: BMC Medical Research Methodology 18, 143, S. 1–7.

Myers, Roslyn/Jacobo, Jorge (2005): Sex Offenders in Nursing Homes. In: Victimization of the Elderly and Disabled 7, 6, S. 85–86.

Naumann, Dörte/Oswald, Frank (2020): Wohnen im Alter. In: Aner, Kirsten/Karl, Ute (Hrsg.): Handbuch Soziale Arbeit und Alter. 2. Auflage, Wiesbaden: Springer VS, S. 369–377.

NCEA – National Centre on Elder Abuse (2022): Sexual Elder Abuse. https://www.nursinghomeabuse.org/elder-abuse/types/sexual-abuse/ [Zugriff: 21.08.2022]

Nobels, Anne/Vandeviver, Christophe/Beaulieu, Marie/Lemmens, Gilbert M. D./Keygnaert, Ines (2018): Are Older Women Forgotten in the Fight Against Sexual Violence? In: The Lancet Global Health 6, 4, S. e370.

Nobels, Anne/Vandeviver, Christophe/Beaulieu, Marie/Cismaru Inescu, Adina/Nisen, Laurent/van den Noortgate, Nele (2020): „Too Grey To Be True?“ Sexual Violence in Older Adults: A Critical Interpretive Synthesis of Evidence. In: International Journal of Environmental Research and Public Health 17, 4117, S. 1–12.

Nobels, Anne/Cismaru-Inescu, Adina/Nisen, Laurent/Hahaut, Bastien/Beaulieu, Marie/Lemmens, Gilbert/Adam, Stéphan/Schapansky, Evelyn/Vandediver, Christophe/Keygnaert, Ines (2021): Sexual violence in older adults: a Belgian prevalence study. In: BMC Geriatrics 21, 601, S. 1–10.

Oeffling, Yvonne (2020): Prävention gestalten – Herausforderungen für Leitungskräfte in der Umsetzung von Prävention sexualisierter Gewalt. In: Wazlawik, Martin/Christmann, Bernd/Böhm, Maika/Dekker, Arne (Hrsg.): Perspektiven auf sexualisierte Gewalt. Einsichten aus Forschung und Praxis. Sexuelle Gewalt und Pädagogik (5). Wiesbaden: Springer VS, S. 169–186.

Oppermann, Carolin/Schröder, Julia (2021): Sichere Orte? Schutzkonzepte in der stationären Altenpflege. In: Neue Praxis 51, 3, S. 173–192.

Parsons, Talcott (1991): The Social System. London: Routledge.

Paula e.V./Böhmer, Martina/Griese, Karin (Hrsg.) (2016): Ich fühle mich zum ersten Mal lebendig… Traumasensible Unterstützung für alte Frauen. Paula e.V. Frankfurt am Main: Mabuse Verlag.

Payne, Brian K. (2010): Understanding Elder Sexual Abuse and the Criminal Justice System's Response: Comparisons to Elder Physical Abuse. In: Justice Quarterly 27, 2, S. 206–224.

Petzold, Hilarion (1992): Bedrohte Lebenswelten – Überforderung. Burnout und Gewalt in Heimen. In: Petzold, Christa/Petzold, Hilarion G.: Lebenswelten alter Menschen. Konzepte, Perspektiven, Praxisstrategien. Hannover: Vincentz, S. 248–292.

Pillemer, Karl/Burnes, David/Riffin, Catherine/Lachs, Mark S. (2016): Elder Abuse: Global Situation, Risk Factors, and Prevention Strategies. In: The Gerontologist 56, 2, S. 194–205.

Pohlmann, Stefan (2016): Altershilfe. Band 1. Hintergründe und Herausforderungen. Münchener Hochschulschriften für Angewandte Sozialwissenschaften: München: AG SPAK.

Ramsey-Klawsnik, Holly/Teaster, Pamela B./Mendiondo, Marta S./Abner, Erin L./Cecil, Kara A./Tooms, Mary R. (2007): Sexual Abuse of Vulnerable Adults in Care Facilities: Clinical Findings and a Research Initiative. In: Journal of the American Psychiatric Nurses Association 12, 6, S. 332–339.

Ramsey-Klawsnik, Holly/Teaster, Pamela B./Mendiondo, Marta S./Marcum, Jennifer L./Abner, Erin L. (2008): Sexual Predators who Target Elders: Findings from the First National Study of Sexual Abuse in Care Facilities. In: Journal of Elder Abuse & Neglect 20, 4, S. 353–376.

Ramsey-Klawsnik, Holly/Teaster, Pamela B. (2012): Sexual Abuse Happens in Healthcare Facilities – What Can Be Done To Prevent It? In: Generations. Journal of the American Society on Aging 36, 3, S. 53–59.
Rauwald, Marianne (2020): Vererbte Wunden. Transgenerationale Weitergabe traumatischer Erfahrungen. 2., überarb. Auflage, Weinheim/Basel: Beltz.
Rieske, Thomas Viola/Scambor, Elli/Wittenzellner, Ulla (2018): Aufdeckungsprozess – Dimensionen und Verläufe. In: Retkowski, Alexandra/Treibel, Angelika/Tuider, Elisabeth (Hrsg.): Handbuch Sexualisierte Gewalt und pädagogische Kontexte. Theorie, Forschung, Praxis. Weinheim: Beltz Juventa, S. 700–708.
Rimbach, Charlotte/Römisch Kathrin (2023): Sexual Neglect. Sexuelle Vernachlässigung und die Missachtung sexueller Rechte am Beispiel von Erwachsenen mit Unterstützungs- und Pflegebedarf. In: Siemoneit, Julia/Verlinden, Karla/Kleinau, Elke (Hrsg.): Sexualität, sexuelle Bildung und Heterogenität im erziehungswissenschaftlichen Diskurs. Weinheim/Basel: Beltz Juventa, S. 200–214.
Rixen, Stephan (2020): Alter, Kranken- und Pflegeversicherung. In: Aner, Kirsten/Karl, Ute (Hrsg.): Handbuch Soziale Arbeit und Alter. 2. Auflage, Wiesbaden: Springer VS, S. 313–323.
Röder, Martina/Pätzmann-Sietas, Birgit (2018): Schutzkonzepte in der Altenpflege. In: Fegert, Jörg M./Kölch, Michael/König, Elisa/Harsch, Daniela/Witte, Susanne/ Hoffmann, Ulrike (Hrsg.): Schutz vor sexueller Gewalt und Übergriffen in Institutionen. Für die Leitungspraxis in Gesundheitswesen, Jugendhilfe und Schule. Berlin: Springer VS, S. 393–401.
Römisch, Kathrin (2016): Sexualisierte Gewalt in Institutionen der Behindertenhilfe. In: Martin Wazlawik, Stefan Freck (Hrsg.): Sexualisierte Gewalt an erwachsenen Schutz- und Hilfebedürftigen. Sexuelle Gewalt und Pädagogik (1). Wiesbaden: Springer VS, S. 105–119.
Rose, Andrea (2017): Sexualisierte Gewalt in der Alten- und Krankenhilfe. In: Martin Wazlawik, Stefan Freck (Hrsg.): Sexualisierte Gewalt an erwachsenen Schutz- und Hilfebedürftigen. Sexuelle Gewalt und Pädagogik (1). Wiesbaden: Springer VS, S. 121–150.
Rosen, Tony/Lachs, Mark S./Pillemer, Karl (2010): Sexual Aggression between Residents in Nursing Homes: Literature Synthesis of an Underrecognized Problem. In: Journal of the American Geriatrics Society 58, 10, S. 1070–1079.
Ruch, Andreas (2011): Dunkelfeld und Anzeigeverhalten bei Straftaten gegen die sexuelle Selbstbestimmung – Eine empirische Untersuchung im Zusammenhang mit den §§ 177, 179 StGB. Holzkirchen: Felix-Verlag.
Sack, Martin/Sachsse, Ulrich/Schellong, Julia (2018): Komplexe Traumafolgestörungen. Diagnostik und Behandlung von Folgen schwerer Gewalt und Vernachlässigung. 6. Auflage, Stuttgart: Schattauer.
Saimeh, Nahlah (2021): Geschlechtsrollenstereotype und sexuelle Gewalt. In: Saimeh, Nahlah/Briken, Peer/Müller, Jürgen (Hrsg.): Sexualstraftäter. Diagnostik – Begutachtung – Risk Assessment – Therapie. Berlin: Medizinisch Wissenschaftliche Verlagsgesellschaft, S. 17–26.
Sanyal, Mithu M. (2016): Vergewaltigung. Aspekte eines Verbrechens. Hamburg: Nautilus Schriften.
Schäfer, Alfred/Thompson, Christiane (2009): Scham – eine Einführung. In: Schäfer, Alfred/Thompson, Christiane (Hrsg.): Scham. Paderborn: Schöningh, S. 7–36.

Schenk, Liane/Habermas, Monika (2020): Migration und Alter – eine Einführung. In: Schenk, Liane/Habermas, Monika (Hrsg.): Migration und Alter. Praxiswissen Gerontologie und Geriatrie kompakt (9). Berlin/Boston: De Gruyter.
Schlingmann, Thomas (2020): Vermeidung von Belastungen oder Verlust der Deutungshoheit? In: Wazlawik, Martin/Christmann, Bernd (Hrsg.): Forschungsdatenmanagement und Sekundärnutzung qualitativer Forschungsdaten. Sexuelle Gewalt und Pädagogik (6). Wiesbaden: Springer, S. 75–125.
Schmidt, Roland (2020): Soziale Arbeit in der pflegerischen Versorgung. In: Aner, Kirsten/Karl, Ute (Hrsg.): Handbuch Soziale Arbeit und Alter, 2. überarb. und akt. Auflage, Wiesbaden: Springer VS, S. 207–216.
Schröck, Friederike/Kühn, Kai-Uwe/Sträter, Birgitta (2021): Sexualität im Alter. In: Nervenheilkunde 40, 12, S. 1001–1006.
Scott, W. Richard (2014): Institutions and Organizations. Ideas, interests, and identities. 4th edition. Los Angeles: SAGE.
Sielert, Uwe (2014): Sexuelle Bildung statt Gewaltprävention. In: Böllert, Karin/Wazlawik, Martin (Hrsg.): Sexualisierte Gewalt. Institutionelle und professionelle Herausforderungen. Wiesbaden: Springer VS, S. 111–123.
Siemoneit, Julia/Windheuser, Jeannette (2021): Sexuelle Bildung: Geschichtliche und curriculare Perspektiven in der Lehrer/innenbildung. In: Casale, Rita/Windheuser, Jeannette/Ferrari, Monica/Morandi, Matteo (Hrsg.): Kulturen der Lehrerbildung in der Sekundarstufe in Italien und Deutschland. Nationale Formate und ‚cross culture'. Bad Heilbrunn: Klinkhardt, S. 244–257.
Siemoneit, Julia/Verlinden, Karla (2023): ‚Sexuelle Situationen' in der Schule – Ergebnisse einer Befragungsstudie mit Lehrkräften. In: Siemoneit, Julia/Verlinden, Karla/Kleinau, Elke (Hrsg.): Sexualität, sexuelle Bildung und Heterogenität im erziehungswissenschaftlichen Diskurs. Weinheim/Basel: Beltz Juventa, S. 130–153.
Smith, Carly/Freyd, Jennifer (2013): Dangerous Safe Havens: Institutional Betrayal Exacerbates Sexual Trauma. In: Journal of Traumatic Stress 26, 1, S. 119–124.
Smith, Carly/Freyd, Jennifer (2014): Institutional Betrayal. American Psychologist 69, 6, S. 575–587.
Smith, Daisy/Bugeja, Lyndal/Cunningham, Nicola/Ibrahim, Joseph E. (2018): A Systematic Review of Sexual Assaults in Nursing Homes. In: The Gerontologist 58, 6, S. e369-e383.
Smith, Daisy/Cunningham, Nicola/Willoughby, Melissa/Young, Carmel/Odell, Morris/Ibrahim, Joseph/Bugeja, Lyndal (2019): The Epidemiology of Sexual Assault of Older Female Nursing Home Residents. In: Victoria Australia, between 2000 and 2015. In: Legal Medicine 36, S. 89–95.
Statistisches Bundesamt (Destatis) (2020): Pflegestatistik. Pflege im Rahmen der Pflegeversicherung. Deutschlandergebnisse. 2019. https://www.destatis.de/DE/Themen/Gesellschaft-Umwelt/Gesundheit/Pflege/Publikationen/Downloads-Pflege/pflege-deutschlandergebnisse-5224001199004. pdf?__blob=publicationFile [Zugriff: 23.05.2022].
Staub-Bernasconi, Silvia (2016): Macht und (kritische) Soziale Arbeit. In: Kraus, Björn/Krieger, Wolfgang (Hrsg.): Macht in der Sozialen Arbeit. Interaktionsverhältnisse zwischen Kontrolle, Partizipation und Freisetzung. 4. überarb. und erw. Auflage, Lage: Jacobs Verlag, S. 395–424.
Steinfort-Diedenhofen, Julia (2018): Sozialgeragogik. In: Steinfort-Diedenhofen, Julia/Schramek, Renate/Schmidt-Hertha, Bernhard/Kricheldorff, Cornelia (Hrsg.): Altern – Lernen – Bildung. Stuttgart: Kohlhammer, S. 57–68.

Steinfort-Diedenhofen, Julia (2022): Ältere Menschen. In: Bieker, Rudolf/Niemeyer, Heike (Hrsg.): Träger, Arbeitsfelder und Zielgruppen der Sozialen Arbeit. 2., überarb. Auflage, Stuttgart: Kohlammer, S. 243–250.

Stein-Hilbers, Marlene (2000): Sexuell werden. Sexuelle Sozialisation und Geschlechterverhältnisse. Opladen: Barbara Budrich.

Suhr, Ralf (2017): Zur Bedeutung sexualisierter Gewalt in der Pflege. In: Zentrum für Qualität in der Pflege (Hrsg.): Gewaltprävention in der Pflege. ZQP Report. Berlin: Zentrum für Qualität in der Pflege, S. 35–37.

Sultana, Albeda (2012): Patriarchy and Women's Subordination: A Theoretical Analysis. In: Arts Faculty Journal 4, S. 1–18.

Syme, Maggie L./Cohn, Tracy J. (2020): Elder sexual abuse and implicit agism: examining the warm-incompetent bias among mock jurors. In: Journal of Elder Abuse & Neglect 32, 1, S. 1–26.

Teaster, Pamela B. (2017): A Framework for Polyvictimization in Later Life. In: Journal of Elder Abuse & Neglect 29, 5, S. 289–298.

Teaster, Pamela B./Roberto, Karen A. (2003): Chapter 7 Sexual Abuse of Older Women Living in Nursing Homes. In: Journal of Gerontological Social Work 40, 4, S. 105–119.

Teaster, Pamela B./Roberto, Karen A. (2004): Sexual Abuse of Older Adults: APS Cases and Outcomes. In: The Gerontologist. A Journal of the Gerontological Society of America 44, 6, S. 788–796.

Teaster, Pamela B./Roberto, Karen A./Duke, Joy O./Kim, Myeonghwan (2001): Sexual Abuse of Older Adults: Preliminary Findings of Cases in Virginia. In: Journal of Elder Abuse & Neglect 12, 3–4, S. 1–16.

Teaster, Pamela/Ramsey-Klawsnik, Holly/Mendiondo, Marta S./Abner, Erin/Cecil, Kara/Tooms, Mary (2008): From Behind the Shadows: A Profile of the Sexual Abuse of Older Men Residing in Nursing Homes. In: Journal of Elder Abuse & Neglect, 19, 1/2, S. 29–45.

Teaster, Pamela B./Ramsey-Klawsnik, Holly/Abner, Erin L./Kim, Sujee (2015): The Sexual Victimization of Older Women Living in Nursing Homes. In: Journal of Elder Abuse & Neglect 27, 4–5, S. 392–409.

Thole, Werner (2012): Die Soziale Arbeit – Praxis, Theorie, Forschung und Ausbildung. Versuch einer Standortbestimmung. In: Thole, Werner (Hrsg.): Grundriss Soziale Arbeit. Ein einführendes Handbuch. 4. Auflage, Wiesbaden: Springer VS, S. 19–70.

Treibel, Angelika/Dölling, Dieter/Hermann, Dieter (2017): Determinanten des Anzeigeverhaltens nach Straftaten gegen die sexuelle Selbstbestimmung. In: Forensische Psychiatrie, Psychologie, Kriminologie 11, 4, S. 355–363.

Tschan, Werner (2014): Nachhaltige Prävention sexualisierter Gewalt in Institutionen. Möglichkeiten und Ansätze im Rahmen der Aus- und Weiterbildung. In: Willems, Helmut/Ferring, Dieter (Hrsg.): Macht und Missbrauch in Institutionen. Interdisziplinäre Perspektiven auf institutionelle Kontexte und Strategien der Prävention. Wiesbaden: Springer VS, S. 177–190.

UN – United Nations (2019): Sexual and Reproductive Health and Rights: An Essential element of Universal Health Coverage. Background document for the Nairobi summit on ICPD25 – Accelerating the promise. Nairobi: UNFPA – United Nations Population Fund.

UNECE – The United Nations Economic Commission for Europe (2017): 2017 LISBON MINISTERIAL DECLARATION. A Sustainable Society for All Ages: Realizing the potential of living longer. https://unece.org/DAM/pau/age/Ministeri

al_Conference_Lisbon/Declaration/2017_Lisbon_Ministerial_Declaration.pdf [Zugriff: 07.06.2022].
Utz, Richard (2011): „Total Institutions“, „Greedy Institutions“. Verhaltensstruktur und Situation des sexuellen Missbrauchs. In: Marion Baldus/Richard Utz (Hrsg.): Sexueller Missbrauch in pädagogischen Kontexten. Faktoren, Interventionen, Perspektiven. Wiesbaden: Springer VS, S. 51–76.
Vavra, Rita (2020): Die Strafbarkeit nicht-einvernehmlicher sexueller Handlungen zwischen erwachsenen Personen. Sexualität in Recht und Gesellschaft (2). Baden-Baden: Nomos.
Vierthal, Karla (2008): Best Practise for Working with Rape Crisis Centers to Address Elder Sexual Abuse. In: Journal of Elder Abuse & Neglect 20, 4, S. 306–322.
Wagner, Remigius/Wichers, Bettina (2021): Sexuelle Entwicklung im Alter und das Potenzial sexueller Bildung für Senior*innen. In: Böhm, Maika/Kopitzke, Elisa/Herrath, Frank/Sielert, Uwe (Hrsg.): Praxishandbuch sexuelle Bildung im Erwachsenenalter. Weinheim/Basel: Beltz Juventa, S. 307–322.
Walby, Sylvia (1990): Theorizing Patriarchy. Oxford: Blackwell.
Weber, Max (1922): Wirtschaft und Gesellschaft. Tübingen: J.C.B. Mohr (Paul Siebeck).
WHO – World Health Organization (2006): Defining Sexual Health. Report of a Technical Consultation on Sexual Health 28–31 January 2002. Geneva: WHO.
WHO – World Health Organization (2008): A Global Response to Elder Abuse and Neglect. Building Primary Health Care Capacity to Deal with the Problem Worldwide: Main Report. Geneva: WHO.
WHO – World Health Organization (2011): European report on preventing elder maltreatment. Geneva: WHO.
WHO – World Health Organization (2021): Global Report on Ageism. Geneva: World Health Organization. Geneva: WHO.
Wichers, Bettina (2018): Sexualisierte Gewalt in stationären Altenhilfeeinrichtungen. In: Retkowski, Alexandra/Treibel, Angelika/Tuider, Elisabeth (Hrsg.): Handbuch Sexualisierte Gewalt und pädagogische Kontexte. Theorie, Forschung, Praxis. Weinheim: Beltz Juventa, S. 506–514.
Wippermann, Carsten (2019): Sexismus im Alltag. Wahrnehmungen und Haltungen der deutschen Bevölkerung. Pilotstudie. Sozialwissenschaftliche bevölkerungsrepräsentative Untersuchung im Auftrag des Bundesministeriums für Familie, Senioren, Frauen und Jugend. https://www.bmfsfj.de/resource/blob/141246/f8b55ee9dae35a2e638acb530f89dfe0/sexismus-im-alltag-pilotstudie-data.pdf [Zugriff: 15.08.2022].
Wolf, Klaus (1999): Machtprozesse in der Heimerziehung. Eine qualitative Studie über ein Setting klassischer Heimerziehung. Münster: Votum.
Wolf, Klaus (2010): Machstrukturen in der Heimerziehung. In: Neue Praxis 40, 6, S. 539–557.
Wolf, Klaus (2016): Zur Notwendigkeit des Machtüberhangs in der Erziehung. In: Kraus, Björn/Krieger, Wolfgang (Hrsg.): Macht in der Sozialen Arbeit. Interaktionsverhältnisse zwischen Kontrolle, Partizipation und Freisetzung. 4., überarb. und erw. Auflage, Lage: Jacobs Verlag, S. 173–213.
Wolff, Mechthild (2014): Missbrauch von Kindern und Jugendlichen durch Professionelle in Institutionen. Perspektiven der Prävention durch Schutzkonzepte. In: Böllert, Karin/Wazlawik, Martin (Hrsg.): Sexualisierte Gewalt. Institutionelle und professionelle Herausforderungen. Wiesbaden: Springer VS, S. 95–109.

Wolff, Mechthild/Oppermann, Carolin/Schröer, Wolfgang/Winter, Veronika (2018): Gefährdungsanalyse in Organisationen. In: Fegert, Jörg M./Kölch, Michael/König, Elisa/Harsch, Daniela/Witte, Susanne/Hoffmann, Ulrike (Hrsg.): Schutz vor sexueller Gewalt und Übergriffen in Institutionen. Für die Leitungspraxis in Gesundheitswesen, Jugendhilfe und Schule. Berlin: Springer, S. 107–116.

Yon, Yongjie/Ramiro-Gonzalez, Maria/Mikton, Christopher/Huber, Manfred/Sethi, Dinesh (2018): The prevalence of elder abuse in institutional settings: a systematic review and meta-analysis. In: European Journal of Public Health 29, 1, S. 58–67.

Zemp, Aiha (2002): Sexualisierte Gewalt gegen Menschen mit Behinderung in Institutionen. Praxis Kinderpsychologie und Kinderpsychiatrie 51, 8, S. 610–625.

Zimbardo, Philip G./Haney, Craig W./Banks, William Curtis (2005): Das Stanford-Gefängnis-Experiment. Eine Simulationsstudie über die Sozialpsychologie der Haft. 3. Auflage, Goch: Santiago Verlag.